BUKU MASAK TIN KEK KECIL SAYA

Daripada Kek Mini hingga Tart Sedap, Terokai 100 Hidangan Menggoda Terus dari Ketuhar Anda

Nithya Somasundram

Bahan Hak Cipta ©2024

Hak cipta terpelihara

Tiada bahagian buku ini boleh digunakan atau dihantar dalam apa jua bentuk atau dengan apa jua cara tanpa kebenaran bertulis yang sewajarnya daripada penerbit dan pemilik hak cipta, kecuali petikan ringkas yang digunakan dalam semakan. Buku ini tidak boleh dianggap sebagai pengganti nasihat perubatan, undang-undang atau profesional lain.

ISI KANDUNGAN

ISI KANDUNGAN	3
PENGENALAN	6
MINI LOAVES	7
1. Roti Biji Popi Limau Mini	8
2. Roti Roti Kacang Pisang Mini	10
3. Roti Zucchini Coklat Mini	12
4. Roti Kayu Manis Epal Mini	14
5. Roti Kek Mini Lobak merah	16
6. Roti Roti Labu Mini	18
PIES MINI	20
7. Pai Epal Mini	21
8. Pai Mini Labu	23
9. Pai Mini Ceri	25
10. Pai Beri biru Mini	27
11. Pai Limau Kunci Mini	29
12. Pai Krim Coklat Mini	31
KEK MINI	33
13. Kek Span Victoria Mini	34
14. Mini Kek Gerimis Limau	36
15. Mini Coklat Éclairs	38
16. Kopi Mini Kek Walnut	40
17. Mini Kek Minum Petang	42
18. Mini Gigitan Kek Lobak Merah	45
19. Kek Mini Baldu merah	47
20. Krim Puff Dan Kek Cincin Éclairs	50
TARTS MINI	53
21. Mini Tart Beri Campuran	54
22. Tart Mentega Kacang Coklat Mini	56
23. Tart Buah Mini	58
24. Mini Tarlet Limau	60
25. Mini Coklat Ganache Tartlets	62
26. Tarlet Badam Raspberi Mini	64
27. Mini Tartlets Quiche Lorraine Savory	67
KEK MELETOP DAN BOLA	70
28. Kek Konfeti Funfetti Pops	71
29. Kek Vanila Klasik Pops	74
30. Bebola Kek Fudge Coklat	77
31. Limau Raspberi Kek Pops	80

32. Bebola Kek Keju Krim Baldu merah 83
33. Biskut Dan Kek Krim Pops 86
34. Bebola Kek Karamel Masin 89
35. Bebola Kek Kejukek Strawberi 92

SANDWICH MINI 95
36. Sandwic Mini Caprese 96
37. Sandwic Salad Ayam Mini 98
38. Sandwic Mini Turki Dan Kranberi 100
39. Peluncur Mini Ham Dan Keju 102
40. Sandwic Kelab Veggie Mini 104

COOKIES 106
41. Biskut Pretzel Dan Karamel 107
42. Kuih Hemp Buckeye 109
43. KekMix Sandwich Cookies 111
44. Granola & Biskut Coklat 113
45. Kuih Gula Kotak Kek 115
46. Kuki Kotak Kek Jerman 117

PUFF KRIM 119
47. Cocktail Krim Puffs 120
48. Puff Krim Raspberi 122
49. Puff Krim Hazelnut Dan Marshmallow Panggang 124
50. Puff Krim Strawberi 128
51. Puff Krim Dadih Limau 131
52. Puff Krim Hazelnut Praline 133
53. Beri biru Krim Puffs 135
54. Puff Krim Kelapa 137
55. Puff Krim Sos Espresso 139
56. Puff Krim Chai 142
57. Puff Krim Badam 145

ECLAIRS 147
58. Mini Coklat Eclairs 148
59. Kuki Dan Krim Éclairs 151
60. Coklat Hazelnut Éclairs 154
61. Jingga Éclairs 157
62. Buah Markisa Éclairs 161
63. Éclairs Buah Gandum Penuh 164
64. Buah Markisa Dan Raspberi Éclairs 167
65. Cappuccino Éclairs 171
66. Pistachio Limau Éclairs 173
67. Maple Berkaca Éclairs Diatas Dengan Kacang 178

CROISSANTS 181
68. Mini Croissant Badam 182
69. Croissant Mawar Merah Jambu & Pistachio Dicelup 184

70. CROISSANT MADU LAVENDER 188
71. CROISSANT KELOPAK BUNGA MAWAR 190
72. CROISSANT BUNGA OREN 192
73. CROISSANT BUNGA RAYA 194
74. CROISSANT BERI BIRU 196
75. CROISSANT RASPBERI 198
76. CROISSANT PIC 200
77. CROISSANT BERI CAMPURAN 202
78. KRANBERI DAN CROISSANT OREN 204
79. CROISSANT NANAS 206
80. CROISSANT BUAH PLUM 208
81. CROISSANT ECLAIR PISANG 210

CUPKEKS & MUFIN 212

82. LIMAU Y KEK CAMPUR KEK CAWAN 213
83. KEK CAWAN KARAMEL COKLAT 215
84. KEK CAWAN PAI LUMPUR 217
85. KEKMIX LABU MUFFIN 219
86. KEKMIX PRALINE CUPKEKS 221
87. PIÑA COLADA & KEK CAWAN 223
88. KEK MINI COLA CERI 225
89. KEK CAWAN BALDU MERAH 227
90. KEK CAWAN PAI EPAL 229
91. AMPUH KEK CAWAN TIKUS 231

BAR DAN PETAK DUA 233

92. BAR CATUR 234
93. RASPBERI & COKLAT BAR 236
94. KEKMIX CERI BARS 238
95. KEK LAPIS COKLAT 240
96. BAR POTLUCK 242
97. JARI MENTEGA COOKIE BARS 244
98. KOTAK KEK B ARS 246
99. MENTEGA KACANG YANG DISELITKAN SEGI EMPAT 248
100. BAR KENARI KARAMEL 250

KESIMPULAN 252

PENGENALAN

Masuk ke dunia penaik yang manis dan lazat dengan "Buku Masakan Tin Kek Kecil Saya: Daripada Kek Mini hingga Tart Sedap, Terokai 100 Hidangan Menggoda Terus dari Ketuhar Anda." Membakar bukan sekadar seni kulinari; ia adalah perjalanan ajaib yang dipenuhi dengan kehangatan, aroma, dan janji keseronokan yang menggembirakan. Dalam buku masakan ini, kami menjemput anda untuk memulakan pengembaraan yang beraroma sambil kami menerokai pelbagai 100 hidangan yang menarik, semuanya dibakar dengan sempurna dalam tin kek anda yang boleh dipercayai.

Daripada kek mini dekaden yang dihiasi dengan putaran pembekuan kepada tart elegan yang dipenuhi dengan buah-buahan bermusim, setiap resipi dalam buku masakan ini direka untuk menyemarakkan semangat anda untuk membakar dan memenuhi keinginan manis anda. Sama ada anda seorang tukang roti yang berpengalaman atau peminat yang baru, anda akan mendapat inspirasi, bimbingan dan kegembiraan dalam halaman ini. Dengan arahan yang jelas, petua berguna dan fotografi yang menakjubkan, anda akan berasa yakin semasa anda mengocok, melipat dan membakar cara anda untuk menikmati hidangan masakan.

Tin kek yang sederhana berfungsi sebagai kanvas untuk ciptaan masakan kami, menawarkan kemungkinan yang tidak berkesudahan untuk eksperimen dan kreativiti. Sama ada anda sedang membakar untuk majlis khas, perhimpunan yang selesa, atau sekadar untuk memanjakan diri anda, ada hidangan untuk setiap citarasa dan setiap saat. Jadi, panaskan ketuhar anda, kumpulkan bahan-bahan anda, dan mari terjun ke dunia penaik yang mempesonakan dengan "Buku Masakan Tin Kek Kecil Saya" sebagai panduan kami.

MINI LOAVES

1. Roti Biji Popi Limau Mini

BAHAN-BAHAN:
- 1 cawan tepung serba guna
- 1/2 sudu teh serbuk penaik
- 1/4 sudu teh baking soda
- 1/4 sudu teh garam
- 1 sudu besar biji popia
- 1/2 cawan mentega tanpa garam, dilembutkan
- 3/4 cawan gula pasir
- 2 biji telur besar
- 1 sudu besar kulit limau
- 1/4 cawan jus limau segar
- 1/4 cawan buttermilk
- 1/2 sudu teh ekstrak vanila

ARAHAN:
a) Panaskan ketuhar anda hingga 350°F (175°C). Loyang roti mini gris dan tepung.
b) Dalam mangkuk sederhana, pukul bersama tepung, serbuk penaik, soda penaik, garam, dan biji popi.
c) Dalam mangkuk besar, pukul bersama mentega dan gula pasir sehingga ringan dan gebu.
d) Pukul telur, satu demi satu, kemudian kacau dalam kulit limau, jus limau, susu mentega, dan ekstrak vanila.
e) Masukkan bahan kering sedikit demi sedikit ke dalam bahan basah, gaul sehingga sebati.
f) Bahagikan adunan di antara loyang roti mini yang telah disediakan.
g) Bakar dalam ketuhar yang telah dipanaskan selama 20-25 minit, atau sehingga pencungkil gigi yang dimasukkan ke dalam bahagian tengah keluar bersih.
h) Biarkan roti sejuk dalam kuali selama 10 minit, kemudian pindahkannya ke rak dawai untuk menyejukkan sepenuhnya.

2. Roti Roti Kacang Pisang Mini

BAHAN-BAHAN:
- 1 1/2 cawan tepung serba guna
- 1 sudu teh baking soda
- 1/4 sudu teh garam
- 1/2 cawan mentega tanpa garam, dilembutkan
- 1/2 cawan gula pasir
- 2 biji telur besar
- 1 sudu teh ekstrak vanila
- 3 biji pisang masak, tumbuk
- 1/2 cawan walnut atau pecan yang dicincang

ARAHAN:
a) Panaskan ketuhar anda hingga 350°F (175°C). Loyang roti mini gris dan tepung.
b) Dalam mangkuk sederhana, pukul bersama tepung, soda penaik, dan garam.
c) Dalam mangkuk besar, pukul bersama mentega dan gula pasir sehingga ringan dan gebu.
d) Pukul telur satu persatu, kemudian masukkan ekstrak vanila dan pisang lecek.
e) Masukkan bahan kering sedikit demi sedikit ke dalam bahan basah, gaul sehingga sebati.
f) Masukkan kacang cincang.
g) Bahagikan adunan di antara loyang roti mini yang telah disediakan.
h) Bakar dalam ketuhar yang telah dipanaskan selama 25-30 minit, atau sehingga pencungkil gigi yang dimasukkan ke dalam bahagian tengah keluar bersih.
i) Biarkan roti sejuk dalam kuali selama 10 minit, kemudian pindahkannya ke rak dawai untuk menyejukkan sepenuhnya.

3.Roti Zucchini Coklat Mini

BAHAN-BAHAN:
- 1 cawan tepung serba guna
- 1/4 cawan serbuk koko tanpa gula
- 1/2 sudu teh baking soda
- 1/4 sudu teh serbuk penaik
- 1/4 sudu teh garam
- 1/2 cawan gula pasir
- 1/4 cawan gula perang
- 1/4 cawan minyak sayuran
- 1 biji telur besar
- 1 sudu teh ekstrak vanila
- 1 cawan zucchini parut, diperah untuk mengeluarkan kelembapan berlebihan
- 1/2 cawan cip coklat separuh manis

ARAHAN:
a) Panaskan ketuhar anda hingga 350°F (175°C). Loyang roti mini gris dan tepung.
b) Dalam mangkuk sederhana, pukul bersama tepung, serbuk koko, soda penaik, serbuk penaik, dan garam.
c) Dalam mangkuk besar, pukul bersama gula pasir, gula perang, minyak sayuran, telur, dan ekstrak vanila sehingga sebati.
d) Masukkan bahan kering sedikit demi sedikit ke dalam bahan basah, gaul sehingga sebati.
e) Masukkan zucchini parut dan cip coklat.
f) Bahagikan adunan di antara loyang roti mini yang telah disediakan.
g) Bakar dalam ketuhar yang telah dipanaskan selama 25-30 minit, atau sehingga pencungkil gigi yang dimasukkan ke dalam bahagian tengah keluar bersih.
h) Biarkan roti sejuk dalam kuali selama 10 minit, kemudian pindahkannya ke rak dawai untuk menyejukkan sepenuhnya.

4. Roti Kayu Manis Epal Mini

BAHAN-BAHAN:
- 1 cawan tepung serba guna
- 1/2 sudu teh serbuk penaik
- 1/4 sudu teh baking soda
- 1/4 sudu teh garam
- 1 sudu teh kayu manis tanah
- 1/4 cawan mentega tanpa garam, cair
- 1/2 cawan gula perang yang dibungkus
- 1 biji telur besar
- 1/2 cawan sos epal tanpa gula
- 1/2 sudu teh ekstrak vanila
- 1/2 cawan epal dipotong dadu (dikupas dan dibuang inti)
- Pilihan: kacang cincang atau kismis

ARAHAN:
a) Panaskan ketuhar anda hingga 350°F (175°C). Loyang roti mini gris dan tepung.
b) Dalam mangkuk sederhana, pukul bersama tepung, serbuk penaik, soda penaik, garam, dan kayu manis yang dikisar.
c) Dalam mangkuk besar, pukul bersama mentega cair dan gula perang sehingga rata. Masukkan telur, sos epal, dan ekstrak vanila, dan pukul sehingga sebati.
d) Masukkan bahan kering sedikit demi sedikit ke dalam bahan basah, gaul sehingga sebati.
e) Lipat dalam epal yang dipotong dadu dan kacang cincang atau kismis pilihan.
f) Bahagikan adunan di antara loyang roti mini yang telah disediakan.
g) Bakar dalam ketuhar yang telah dipanaskan selama 20-25 minit, atau sehingga pencungkil gigi yang dimasukkan ke dalam bahagian tengah keluar bersih.
h) Biarkan roti sejuk dalam kuali selama 10 minit, kemudian pindahkannya ke rak dawai untuk menyejukkan sepenuhnya.

5. Roti Kek Mini Lobak merah

BAHAN-BAHAN:
- 1 cawan tepung serba guna
- 1/2 sudu teh serbuk penaik
- 1/2 sudu teh baking soda
- 1/4 sudu teh garam
- 1 sudu teh kayu manis tanah
- 1/2 cawan gula pasir
- 1/4 cawan minyak sayuran
- 1 biji telur besar
- 1/2 sudu teh ekstrak vanila
- 1 cawan lobak merah parut halus
- 1/4 cawan nanas hancur, toskan
- 1/4 cawan kacang cincang (walnut atau pecan)
- Pembeku krim keju (pilihan)

ARAHAN:
a) Panaskan ketuhar anda hingga 350°F (175°C). Loyang roti mini gris dan tepung.
b) Dalam mangkuk sederhana, pukul bersama tepung, serbuk penaik, soda penaik, garam, dan kayu manis yang dikisar.
c) Dalam mangkuk besar, pukul bersama gula pasir, minyak sayuran, telur, dan ekstrak vanila sehingga sebati.
d) Masukkan bahan kering sedikit demi sedikit ke dalam bahan basah, gaul sehingga sebati.
e) Masukkan lobak merah parut, nanas yang telah dihancurkan, dan kacang cincang.
f) Bahagikan adunan di antara loyang roti mini yang telah disediakan.
g) Bakar dalam ketuhar yang telah dipanaskan selama 20-25 minit, atau sehingga pencungkil gigi yang dimasukkan ke dalam bahagian tengah keluar bersih.
h) Biarkan roti sejuk dalam kuali selama 10 minit, kemudian pindahkannya ke rak dawai untuk menyejukkan sepenuhnya.
i) Secara pilihan, roti sejuk beku dengan pembekuan keju krim sebelum dihidangkan.

6.Roti Roti Labu Mini

BAHAN-BAHAN:
- 1 1/2 cawan tepung serba guna
- 1 sudu kecil serbuk penaik
- 1/2 sudu teh baking soda
- 1/4 sudu teh garam
- 1 sudu teh kayu manis tanah
- 1/2 sudu teh halia kisar
- 1/4 sudu teh pala tanah
- 1/4 sudu teh bunga cengkih kisar
- 1/4 cawan mentega tanpa garam, cair
- 1/2 cawan gula perang yang dibungkus
- 1/2 cawan puri labu dalam tin
- 1/4 cawan susu
- 1 biji telur besar
- 1 sudu teh ekstrak vanila

ARAHAN:
a) Panaskan ketuhar anda hingga 350°F (175°C). Loyang roti mini gris dan tepung.
b) Dalam mangkuk sederhana, pukul bersama tepung, serbuk penaik, soda penaik, garam, dan rempah (kayu manis, halia, buah pala, bunga cengkih).
c) Dalam mangkuk besar, pukul bersama mentega cair dan gula perang sehingga rata. Masukkan puree labu, susu, telur, dan ekstrak vanila, dan pukul sehingga sebati.
d) Masukkan bahan kering sedikit demi sedikit ke dalam bahan basah, gaul sehingga sebati.
e) Bahagikan adunan di antara loyang roti mini yang telah disediakan.
f) Bakar dalam ketuhar yang telah dipanaskan selama 20-25 minit, atau sehingga pencungkil gigi yang dimasukkan ke dalam bahagian tengah keluar bersih.
g) Biarkan roti sejuk dalam kuali selama 10 minit, kemudian pindahkannya ke rak dawai untuk menyejukkan sepenuhnya.

PIES MINI

7.Pai Epal Mini

BAHAN-BAHAN:
- 2 biji epal sederhana, dikupas, dibuang biji dan dipotong dadu
- 2 sudu besar gula pasir
- 1 sudu besar tepung serba guna
- 1/2 sudu teh kayu manis tanah
- 1/4 sudu teh pala tanah
- 1 sudu besar jus limau
- Doh kerak pai yang dibeli di kedai atau buatan sendiri
- Cuci telur (1 biji telur dipukul dengan 1 sudu air)
- Gula kasar untuk taburan (pilihan)

ARAHAN:
a) Panaskan ketuhar anda kepada 375°F (190°C). Griskan loyang muffin mini.
b) Dalam mangkuk, satukan epal yang dipotong dadu, gula pasir, tepung, kayu manis, buah pala dan jus limau. Gaul sehingga epal bersalut rata.
c) Canai doh kerak pai di atas permukaan yang ditaburi sedikit tepung. Menggunakan pemotong bulat atau kaca, potong bulatan doh lebih besar sedikit daripada rongga tin muffin mini.
d) Tekan setiap bulatan doh ke dalam rongga tin muffin mini yang telah digris, membentuk kerak pai mini.
e) Sudukan inti epal ke dalam setiap kerak pai mini, isikan ke bahagian atas.
f) Potong bulatan atau jalur doh yang lebih kecil untuk membuat kekisi atau bahagian atas hiasan untuk pai mini, jika dikehendaki.
g) Sapu bahagian atas pai mini dengan pencuci telur dan taburkan dengan gula kasar, jika digunakan.
h) Bakar dalam ketuhar yang telah dipanaskan selama 18-20 minit, atau sehingga kerak berwarna perang keemasan dan isinya berbuih.
i) Benarkan pai mini sejuk dalam tin muffin selama beberapa minit sebelum memindahkannya ke rak dawai untuk menyejukkan sepenuhnya.

8. Pai Mini Labu

BAHAN-BAHAN:
- 1 cawan puri labu dalam tin
- 1/2 cawan susu pekat manis
- 1 biji telur besar
- 1/2 sudu teh kayu manis tanah
- 1/4 sudu teh halia kisar
- 1/4 sudu teh pala tanah
- 1/4 sudu teh garam
- Doh kerak pai yang dibeli di kedai atau buatan sendiri
- Krim putar untuk hidangan (pilihan)

ARAHAN:
a) Panaskan ketuhar anda kepada 375°F (190°C). Griskan loyang muffin mini.
b) Dalam mangkuk, pukul bersama puri labu, susu pekat manis, telur, kayu manis, halia, buah pala, dan garam sehingga sebati dan sebati.
c) Canai doh kerak pai di atas permukaan yang ditaburi sedikit tepung. Menggunakan pemotong bulat atau kaca, potong bulatan doh lebih besar sedikit daripada rongga tin muffin mini.
d) Tekan setiap bulatan doh ke dalam rongga tin muffin mini yang telah digris, membentuk kerak pai mini.
e) Sudukan isi labu ke dalam setiap kerak pai mini, isikan hampir ke bahagian atas.
f) Bakar dalam ketuhar yang telah dipanaskan selama 12-15 minit, atau sehingga kerak berwarna perang keemasan dan intinya ditetapkan.
g) Benarkan pai mini sejuk dalam tin muffin selama beberapa minit sebelum memindahkannya ke rak dawai untuk menyejukkan sepenuhnya.
h) Hidangkan pai labu mini dengan krim disebat, jika dikehendaki.

9.Pai Mini Ceri

BAHAN-BAHAN:
- 1 cawan isi pai ceri (dibeli di kedai atau buatan sendiri)
- Doh kerak pai yang dibeli di kedai atau buatan sendiri
- Cuci telur (1 biji telur dipukul dengan 1 sudu air)
- Gula kasar untuk taburan (pilihan)

ARAHAN:

a) Panaskan ketuhar anda kepada 375°F (190°C). Griskan loyang muffin mini.

b) Canai doh kerak pai di atas permukaan yang ditaburi sedikit tepung. Menggunakan pemotong bulat atau kaca, potong bulatan doh lebih besar sedikit daripada rongga tin muffin mini.

c) Tekan setiap bulatan doh ke dalam rongga tin muffin mini yang telah digris, membentuk kerak pai mini.

d) Sudukan pai ceri mengisi ke dalam setiap kerak pai mini, mengisinya ke atas.

e) Potong bulatan atau jalur doh yang lebih kecil untuk membuat kekisi atau bahagian atas hiasan untuk pai mini, jika dikehendaki.

f) Sapu bahagian atas pai mini dengan pencuci telur dan taburkan dengan gula kasar, jika digunakan.

g) Bakar dalam ketuhar yang telah dipanaskan selama 18-20 minit, atau sehingga kerak berwarna perang keemasan dan isinya berbuih.

h) Benarkan pai mini sejuk dalam tin muffin selama beberapa minit sebelum memindahkannya ke rak dawai untuk menyejukkan sepenuhnya.

10. Pai Beri biru Mini

BAHAN-BAHAN:
- 1 cawan beri biru segar atau beku
- 2 sudu besar gula pasir
- 1 sudu besar tepung jagung
- 1/2 sudu kecil perahan limau
- 1 sudu teh jus limau
- Doh kerak pai yang dibeli di kedai atau buatan sendiri
- Cuci telur (1 biji telur dipukul dengan 1 sudu air)
- Gula kasar untuk taburan (pilihan)

ARAHAN:
a) Panaskan ketuhar anda kepada 375°F (190°C). Griskan loyang muffin mini.
b) Dalam mangkuk, gaulkan beri biru, gula pasir, tepung jagung, kulit limau dan jus limau hingga sebati.
c) Canai doh kerak pai di atas permukaan yang ditaburi sedikit tepung. Menggunakan pemotong bulat atau kaca, potong bulatan doh lebih besar sedikit daripada rongga tin muffin mini.
d) Tekan setiap bulatan doh ke dalam rongga tin muffin mini yang telah digris, membentuk kerak pai mini.
e) Sudukan inti Beri biru ke dalam setiap kerak pai mini, isikan ke atas.
f) Potong bulatan atau jalur doh yang lebih kecil untuk membuat kekisi atau bahagian atas hiasan untuk pai mini, jika dikehendaki.
g) Sapu bahagian atas pai mini dengan pencuci telur dan taburkan dengan gula kasar, jika digunakan.
h) Bakar dalam ketuhar yang telah dipanaskan selama 18-20 minit, atau sehingga kerak berwarna perang keemasan dan isinya berbuih.
i) Benarkan pai mini sejuk dalam tin muffin selama beberapa minit sebelum memindahkannya ke rak dawai untuk menyejukkan sepenuhnya.

11. Pai Limau Kunci Mini

BAHAN-BAHAN:
- 1/2 cawan jus limau utama
- 1 sudu teh perahan limau utama
- 1 tin (14 auns) susu pekat manis
- 2 biji kuning telur besar
- Doh keropok keropok graham yang dibeli di kedai atau buatan sendiri
- Krim putar untuk hidangan (pilihan)

ARAHAN:
a) Panaskan ketuhar anda hingga 350°F (175°C). Griskan loyang muffin mini.
b) Dalam mangkuk, pukul bersama jus limau utama, kulit limau utama, susu pekat manis, dan kuning telur sehingga sebati dan sebati.
c) Canaikan doh kerak keropok graham di atas permukaan yang ditaburi sedikit tepung. Menggunakan pemotong bulat atau kaca, potong bulatan doh lebih besar sedikit daripada rongga tin muffin mini.
d) Tekan setiap bulatan doh ke dalam rongga tin muffin mini yang telah digris, membentuk kerak pai mini.
e) Sudukan inti limau utama ke dalam setiap kerak pai mini, isikan hampir ke bahagian atas.
f) Bakar dalam ketuhar yang telah dipanaskan selama 12-15 minit, atau sehingga inti ditetapkan.
g) Benarkan pai mini sejuk dalam tin muffin selama beberapa minit sebelum memindahkannya ke rak dawai untuk menyejukkan sepenuhnya.
h) Sejukkan pai limau utama mini di dalam peti sejuk selama sekurang-kurangnya 2 jam sebelum dihidangkan.
i) Hidangkan pai mini yang telah disejukkan dengan krim putar, jika dikehendaki.

12. Pai Krim Coklat Mini

BAHAN-BAHAN:
- 1 pakej (3.9 auns) campuran puding coklat segera
- 1 1/2 cawan susu sejuk
- Doh kerak pai yang dibeli di kedai atau buatan sendiri, dibakar dan disejukkan
- Krim putar untuk dihidangkan
- Serbuk coklat untuk hiasan (pilihan)

ARAHAN:
a) Dalam mangkuk adunan, pukul bersama adunan puding coklat dan susu sejuk sehingga pekat, kira-kira 2 minit.
b) Sudukan puding coklat ke dalam kerak pai mini yang telah disejukkan, isikan hampir ke bahagian atas.
c) Sejukkan pai krim coklat mini di dalam peti sejuk selama sekurang-kurangnya 1 jam, atau sehingga ditetapkan.
d) Sebelum dihidangkan, letakkan setiap pai mini dengan sebiji krim putar dan hiaskan dengan serpihan coklat, jika mahu.

KEK MINI

13.Kek Span Victoria Mini

BAHAN-BAHAN:
UNTUK SPAN:
- 2 biji telur
- 100g (kira-kira 3.5 auns) mentega, dilembutkan
- 100g (kira-kira 3.5 auns) gula kastor
- 100g (kira-kira 3.5 auns) tepung naik sendiri
- ½ sudu teh serbuk penaik
- ½ sudu teh ekstrak vanila

UNTUK PENGISIAN:
- Jem strawberi atau raspberi
- Krim putar

ARAHAN:
a) Panaskan ketuhar anda hingga 180°C (350°F). Minyak dan alaskan kek cawan mini atau loyang kek.
b) Dalam mangkuk adunan, pukul mentega dan gula hingga berkrim. Masukkan telur satu persatu, gaul rata selepas setiap penambahan. Masukkan ekstrak vanila.
c) Ayak tepung naik sendiri dan serbuk penaik, kemudian masukkan ke dalam adunan.
d) Sudukan adunan ke dalam loyang kek mini.
e) Bakar selama kira-kira 12-15 minit atau sehingga kek berwarna keemasan dan kenyal apabila disentuh.
f) Setelah sejuk, potong setiap kek mini separuh secara melintang. Sapukan jem dan krim putar pada satu bahagian, dan letakkan separuh lagi di atas.
g) Taburkan dengan gula tepung dan hidangkan.

14. Mini Kek Gerimis Limau

BAHAN-BAHAN:
- 2 biji telur
- 100g (kira-kira 3.5 auns) mentega, dilembutkan
- 100g (kira-kira 3.5 auns) gula kastor
- 100g (kira-kira 3.5 auns) tepung naik sendiri
- Perahan 1 limau
- Jus 1 limau
- 50g (kira-kira 1.75 auns) gula pasir

ARAHAN:
a) Panaskan ketuhar anda hingga 180°C (350°F). Minyak dan alaskan kek cawan mini atau loyang kek.
b) Dalam mangkuk adunan, pukul mentega dan gula halus hingga berkrim. Masukkan telur satu persatu, gaul rata selepas setiap penambahan.
c) Ayak tepung naik sendiri dan masukkan perahan limau nipis. Gaul hingga sebati.
d) Sudukan adunan ke dalam loyang kek mini dan bakar lebih kurang 12-15 minit atau sehingga kek berwarna keemasan.
e) Semasa kek dibakar, campurkan jus limau dan gula pasir untuk membuat gerimis.
f) Sebaik sahaja kek keluar dari ketuhar, cucukkannya dengan garpu atau pencungkil gigi dan renjiskan campuran limau-gula ke atasnya.
g) Biarkan kek sejuk sebelum dihidangkan.

15. Mini Coklat Éclairs

BAHAN-BAHAN:
UNTUK PASTRY choux:
- 150ml (kira-kira 5 auns) air
- 60g (kira-kira 2 auns) mentega
- 75g (kira-kira 2.5 auns) tepung biasa
- 2 biji telur besar

UNTUK PENGISIAN:
- 200ml (kira-kira 7 auns) krim putar
- Coklat ganache (diperbuat daripada coklat cair dan krim)

ARAHAN:
a) Panaskan ketuhar anda hingga 200°C (390°F). Lapik loyang dengan kertas parchment.
b) Dalam periuk, panaskan air dan mentega sehingga mentega cair. Angkat dari api dan masukkan tepung. Kacau dengan kuat sehingga membentuk bebola doh.
c) Biarkan doh sejuk sedikit, kemudian pukul telur satu persatu sehingga adunan licin dan berkilat.
d) Sudukan atau paipkan pastri choux ke atas loyang dalam bentuk éclair yang kecil.
e) Bakar selama kira-kira 15-20 minit atau sehingga ia kembang dan keemasan.
f) Setelah sejuk, potong setiap éclair separuh secara mendatar. Isikan dengan krim putar dan gerimis dengan coklat ganache.

16.Kopi Mini Kek Walnut

BAHAN-BAHAN:

UNTUK KEK:
- 2 biji telur
- 100g (kira-kira 3.5 auns) mentega, dilembutkan
- 100g (kira-kira 3.5 auns) gula kastor
- 100g (kira-kira 3.5 auns) tepung naik sendiri
- 1 sudu besar kopi segera dilarutkan dalam 1 sudu air panas
- 50g (kira-kira 1.75 auns) kenari cincang

UNTUK ICE:
- 100g (kira-kira 3.5 auns) mentega lembut
- 200g (kira-kira 7 auns) gula aising
- 1 sudu besar kopi segera dilarutkan dalam 1 sudu air panas

ARAHAN:

a) Panaskan ketuhar anda hingga 180°C (350°F). Minyak dan alaskan kek cawan mini atau loyang kek.

b) Dalam mangkuk adunan, pukul mentega dan gula halus hingga berkrim. Masukkan telur satu persatu, gaul rata selepas setiap penambahan.

c) Ayak tepung naik sendiri dan masukkan kopi terlarut. Gaul hingga sebati.

d) Kacau dalam walnut yang dicincang.

e) Sudukan adunan ke dalam loyang kek mini dan bakar lebih kurang 12-15 minit atau sehingga kek berwarna keemasan.

f) Setelah sejuk, buat aising kopi dengan pukul bersama mentega lembut, gula aising, dan kopi terlarut.

g) Aiskan kek mini dan hiaskan dengan walnut cincang tambahan jika mahu.

17. Mini Kek Minum Petang

BAHAN-BAHAN:

UNTUK KEK TEH:
- 3 sudu besar serbuk koko tanpa gula
- 1 sudu teh baking soda
- 1 cawan tepung serba guna
- ½ cawan air panas
- 1 sudu teh ekstrak vanila
- 3 sudu besar mentega tanpa garam, cair
- ⅓ cawan kelapa parut
- 1 biji telur besar
- ½ cawan krim masam

UNTUK GLAZE:
- 1 sudu besar mentega tanpa garam
- 1 cawan gula gula diayak
- 2 sudu besar air
- ¼ sudu teh kayu manis tanah
- ½ auns coklat tanpa gula
- 1 sudu teh ekstrak vanila

ARAHAN:

UNTUK KEK TEH:
a) Panaskan ketuhar anda kepada 375 darjah F (190 darjah C). Lapik dua belas cawan muffin 2½ inci dengan pelapik kertas.
b) Dalam mangkuk kecil, letakkan serbuk koko dan kacau dalam ½ cawan air paip yang sangat panas untuk melarutkan koko.
c) Dalam mangkuk besar, satukan mentega cair dan gula. Pukul dengan pengadun elektrik sehingga sebati.
d) Masukkan telur dan pukul sehingga adunan menjadi ringan dan berkrim, yang sepatutnya mengambil masa kira-kira 1 hingga 2 minit.
e) Tuangkan adunan koko yang telah dilarutkan dan pukul sehingga adunan sebati.
f) Dalam mangkuk kecil yang berasingan, kacau bersama krim masam dan baking soda. Campurkan ini ke dalam campuran mentega-gula-koko.

g) Masukkan tepung serba guna dan ekstrak vanila, dan pukul dengan cepat sehingga bahan sebati. Masukkan kelapa parut tadi.
h) Sudukan adunan ke dalam cawan muffin, bahagikan sama rata di antara mereka, isikan sehingga kira-kira tiga perempat penuh.
i) Bakar selama kira-kira 20 minit atau sehingga bahagian atas kek teh tumbuh semula apabila disentuh sedikit dan pencungkil gigi yang dimasukkan ke dalam bahagian tengah keluar bersih.
j) Keluarkan kek teh dari cawan muffin dan biarkan ia sejuk sedikit di atas rak semasa anda menyediakan sayu.

UNTUK COKLAT GLAZE:

k) Dalam periuk kecil, satukan mentega dengan 2 sudu besar air. Letakkan di atas api perlahan, masukkan coklat tanpa gula, dan kacau sehingga coklat cair dan adunan sedikit pekat. Keluarkan dari api.
l) Dalam mangkuk kecil, satukan gula gula dan kayu manis yang telah diayak. Kacau dalam campuran coklat cair dan ekstrak vanila sehingga anda mencapai sayu licin.
m) Sapukan kira-kira 2 sudu teh sayu coklat di atas setiap kek teh hangat dan biarkan ia sejuk dengan teliti.
n) Kek Minum Petang ini dengan sayu coklat wangi kayu manis membuat hidangan yang menarik untuk dinikmati bersama teh anda.

18.Mini Gigitan Kek Lobak Merah

BAHAN-BAHAN:
UNTUK KEK:
- 2 biji telur
- 100g (kira-kira 3.5 auns) minyak sayuran
- 125g (kira-kira 4.5 auns) gula perang
- 150g (kira-kira 5.3 auns) lobak merah parut
- 100g (kira-kira 3.5 auns) tepung naik sendiri
- ½ sudu teh kayu manis tanah
- ½ sudu teh pala tanah
- ½ sudu teh ekstrak vanila
- Segenggam kismis (pilihan)

UNTUK KRIM KEJU FROSTING:
- 100g (kira-kira 3.5 auns) keju krim
- 50g (kira-kira 1.75 auns) mentega lembut
- 200g (kira-kira 7 auns) gula aising
- ½ sudu teh ekstrak vanila

ARAHAN:

a) Panaskan ketuhar anda hingga 180°C (350°F). Minyak dan alaskan kek cawan mini atau loyang kek.
b) Dalam mangkuk adunan, pukul telur, minyak sayuran, dan gula perang sehingga sebati.
c) Masukkan lobak merah parut, tepung naik sendiri, kayu manis yang dikisar, buah pala yang dikisar, ekstrak vanila dan kismis (jika menggunakan).
d) Sudukan adunan ke dalam loyang kek mini dan bakar selama kira-kira 12-15 minit atau sehingga kek padat apabila disentuh dan pencungkil gigi keluar bersih apabila dimasukkan.
e) Setelah sejuk, buat pembekuan keju krim dengan pukul bersama keju krim, mentega lembut, gula aising dan ekstrak vanila.
f) Aiskan kek lobak merah mini dengan krim keju frosting.

19.Kek Mini Baldu merah

BAHAN-BAHAN:
UNTUK KEK
- 2 biji telur
- 100g (kira-kira 3.5 auns) mentega, dilembutkan
- 150g (kira-kira 5.3 auns) gula pasir
- 150g (kira-kira 5.3 auns) tepung serba guna
- 1 sudu besar serbuk koko tanpa gula
- ½ sudu teh baking soda
- ½ sudu teh cuka putih
- ½ sudu teh ekstrak vanila
- Beberapa titik pewarna makanan merah
- 125ml (kira-kira 4.2 auns) mentega

UNTUK KRIM KEJU FROSTING:
- 100g (kira-kira 3.5 auns) keju krim
- 50g (kira-kira 1.75 auns) mentega lembut
- 200g (kira-kira 7 auns) gula aising
- ½ sudu teh ekstrak vanila

ARAHAN:

a) Panaskan ketuhar anda hingga 180°C (350°F). Minyak dan alaskan kek cawan mini atau loyang kek.

b) Dalam mangkuk adunan, pukul mentega dan gula pasir hingga berkrim. Masukkan telur satu persatu, gaul rata selepas setiap penambahan.

c) Dalam mangkuk yang berasingan, campurkan tepung dan serbuk koko.

d) Dalam mangkuk kecil lain, satukan susu mentega, ekstrak vanila dan pewarna makanan merah.

e) Masukkan bahan-bahan kering dan campuran buttermilk secara beransur-ansur ke dalam adunan mentega dan gula, berselang-seli antara keduanya, bermula dan berakhir dengan bahan kering.

f) Dalam mangkuk kecil, campurkan baking soda dan cuka putih sehingga ia memerah, kemudian cepat-cepat masukkan ke dalam adunan kek.

g) Sudukan adunan ke dalam loyang kek mini dan bakar lebih kurang 12-15 minit atau sehingga kek kenyal apabila disentuh.

h) Setelah sejuk, buat pembekuan keju krim dengan pukul bersama keju krim, mentega lembut, gula aising dan ekstrak vanila.

i) Aiskan kek baldu merah mini dengan pembekuan keju krim.

20.Krim Puff Dan Kek Cincin Éclairs

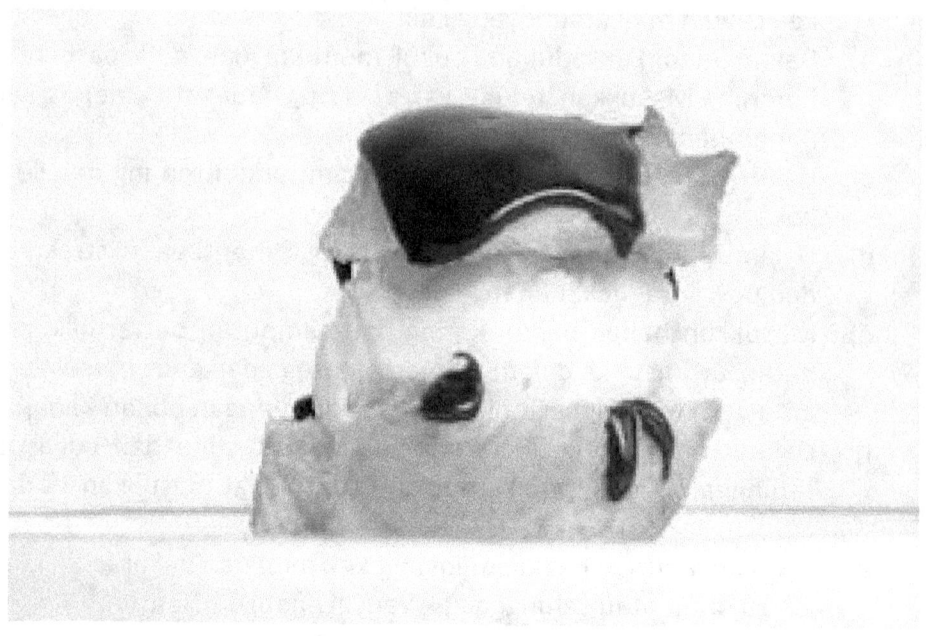

BAHAN-BAHAN:
- 1 cawan air suam
- 4 sudu besar (½ batang) mentega tanpa garam, potong
- 1 cawan tepung serba guna yang tidak diluntur atau tepung bebas gluten
- 4 biji telur besar, pada suhu bilik
- Kastard Beku Vanila Masin atau Kastard Beku Coklat Susu Kambing Masin
- Coklat Glaze (gunakan 4 sudu besar susu penuh)

ARAHAN:

a) Panaskan ketuhar hingga 400°F.
b) Satukan air dan mentega dalam periuk sederhana berat dan biarkan mendidih, kacau untuk mencairkan mentega. Tuangkan semua tepung dan gaul sehingga adunan menjadi bebola.
c) Keluarkan dari api dan pukul telur satu persatu dengan pengadun elektrik.

UNTUK KRIM PUFF

d) Sudukan enam bongkah doh individu bersaiz 4 inci pada helaian biskut yang tidak digris (untuk sedutan yang lebih kecil, buat dua belas busut 2 inci). Bakar sehingga perang keemasan, kira-kira 45 minit. Keluarkan dari ketuhar dan biarkan sejuk.

UNTUK ÉCLAIRS

e) Muatkan beg pastri dengan hujung kosong ¼ inci, kemudian paipkan enam hingga dua belas jalur 4 inci pada helaian kuki yang tidak digosok. Bakar sehingga perang keemasan, kira-kira 45 minit. Keluarkan dari ketuhar dan biarkan sejuk.

UNTUK KEK CINCIN

f) Titiskan sesudu doh sekata pada helaian biskut yang tidak digris untuk membuat bujur 12 inci. Bakar sehingga perang keemasan, 45 hingga 50 minit. Keluarkan dari ketuhar dan biarkan sejuk.

UNTUK MEMASANG

g) Sediakan sayu. Potong krim puff, éclairs, atau kek cincin separuh. Isi dengan aiskrim, dan letakkan bahagian atasnya semula.
h) Untuk krim puff, celup bahagian atas setiap puff ke dalam coklat. Untuk éclairs, sendukkan sayu di atasnya. Untuk kek cincin, kacau tambahan 5 sudu susu ke dalam sayu; siramkan atas kek cincin.
i) Untuk menghidangkan, susun pastri atau hirisan kek di atas pinggan.

TARTS MINI

21.Mini Tart Beri Campuran

BAHAN-BAHAN:
- 1 pakej (14 auns) doh kerak pai sejuk yang telah dibuat sebelumnya
- 1 cawan beri campuran (seperti strawberi, beri biru, raspberi, beri hitam)
- 2 sudu besar gula pasir
- 1 sudu besar tepung jagung
- 1 sudu besar jus limau
- Krim putar atau ais krim vanila untuk dihidangkan (pilihan)

ARAHAN:
a) Panaskan ketuhar anda kepada 375°F (190°C). Lumurkan sedikit loyang muffin mini.
b) Canai doh kerak pai di atas permukaan yang ditaburi sedikit tepung. Menggunakan pemotong bulat atau kaca, potong bulatan doh lebih besar sedikit daripada rongga tin muffin mini.
c) Tekan setiap bulatan doh ke dalam rongga tin muffin mini yang telah digris, membentuk kulit tart mini.
d) Dalam mangkuk, campurkan beri campuran, gula pasir, tepung jagung, dan jus limau sehingga beri bersalut sama rata.
e) Sudukan campuran beri campuran ke dalam setiap cangkerang tart mini, isikan hampir ke bahagian atas.
f) Bakar dalam ketuhar yang telah dipanaskan selama 12-15 minit, atau sehingga kerak berwarna perang keemasan dan buah beri menggelegak.
g) Biarkan tart beri mini sejuk dalam tin muffin selama beberapa minit sebelum memindahkannya ke rak dawai untuk menyejukkan sepenuhnya.
h) Hidangkan tart mini hangat atau pada suhu bilik, dengan krim putar atau ais krim vanila di sebelah jika dikehendaki.

22. Tart Mentega Kacang Coklat Mini

BAHAN-BAHAN:
- 1 pakej (14 auns) doh kerak pai sejuk yang telah dibuat sebelumnya
- 1/2 cawan mentega kacang berkrim
- 1/4 cawan gula halus
- 4 auns coklat separuh manis, dicincang
- 1/4 cawan krim berat
- Kacang tanah hancur untuk hiasan (pilihan)

ARAHAN:
a) Panaskan ketuhar anda kepada 375°F (190°C). Lumurkan sedikit loyang muffin mini.
b) Canai doh kerak pai di atas permukaan yang ditaburi sedikit tepung. Menggunakan pemotong bulat atau kaca, potong bulatan doh lebih besar sedikit daripada rongga tin muffin mini.
c) Tekan setiap bulatan doh ke dalam rongga tin muffin mini yang telah digris, membentuk kulit tart mini.
d) Dalam mangkuk, campurkan bersama mentega kacang berkrim dan gula tepung sehingga sebati dan sebati.
e) Sudukan sedikit campuran mentega kacang ke dalam setiap cangkerang tart mini, ratakan di bahagian bawah.
f) Dalam periuk kecil, panaskan krim berat di atas api sederhana sehingga ia mula mendidih.
g) Letakkan coklat cincang dalam mangkuk tahan panas. Tuangkan krim panas ke atas coklat dan biarkan selama 1-2 minit.
h) Kacau coklat dan krim bersama sehingga licin dan berkilat untuk membuat ganache.
i) Sendukkan coklat ganache di atas lapisan mentega kacang dalam setiap cangkerang tart mini, isikan hampir ke bahagian atas.
j) Biarkan tart mentega kacang coklat sejuk dalam tin muffin selama beberapa minit sebelum memindahkannya ke rak dawai untuk menyejukkan sepenuhnya.
k) Taburkan kacang tanah yang telah dihancurkan di atas tart untuk hiasan, jika mahu.
l) Sejukkan tart di dalam peti sejuk selama sekurang-kurangnya 30 minit sebelum dihidangkan.

23.Tart Buah Mini

BAHAN-BAHAN:
- Kerang tart mini atau cawan phyllo yang disediakan
- Pelbagai buah-buahan segar
- 1 cawan krim pastri vanila atau kastard
- Gula tepung untuk habuk (pilihan)
- Daun pudina segar untuk hiasan (pilihan)

ARAHAN:

a) Panaskan ketuhar pada suhu yang dinyatakan pada bungkusan atau resipi kulit tart.

b) Jika menggunakan cawan phyllo, bakarnya mengikut arahan pakej dan biarkan ia sejuk.

c) Isikan setiap cangkerang tart atau cawan phyllo dengan sesudu krim pastri vanila atau kastard.

d) Susun buah-buahan segar di atas krim, mencipta paparan berwarna-warni.

e) Taburkan dengan gula tepung jika mahu dan hiaskan dengan daun pudina segar.

f) Hidangkan tart buah mini yang menarik ini sebagai hidangan manis dan menyegarkan.

24.Mini Tarlet Limau

BAHAN-BAHAN:

UNTUK KERANGKA TART:
- 1 ¼ cawan tepung serba guna
- ¼ cawan gula tepung
- ½ cawan mentega tanpa garam, sejuk dan kiub

UNTUK ISI LIMAU:
- ¾ cawan gula pasir
- 2 sudu besar tepung jagung
- ¼ sudu teh garam
- 3 biji telur besar
- ½ cawan jus limau yang baru diperah
- Perahan 2 biji limau
- ¼ cawan mentega tanpa garam, dipotong dadu

ARAHAN:

a) Dalam pemproses makanan, satukan tepung dan gula tepung. Masukkan mentega sejuk, potong dadu dan nadi sehingga adunan menyerupai serbuk kasar.

b) Tekan adunan ke dalam kuali tartlet mini, tutup bahagian bawah dan tepi dengan rata. Cucuk bahagian bawah dengan garpu.

c) Sejukkan kulit tart di dalam peti sejuk selama kira-kira 30 minit.

d) Panaskan ketuhar anda hingga 350°F (175°C).

e) Bakar kulit tart selama 12-15 minit atau sehingga bertukar menjadi perang keemasan. Biarkan mereka sejuk sepenuhnya.

f) Dalam periuk, pukul bersama gula, tepung jagung, dan garam. Pukul telur, jus limau dan kulit limau secara beransur-ansur.

g) Masak campuran di atas api sederhana sederhana, kacau sentiasa sehingga ia pekat, kira-kira 5-7 minit.

h) Keluarkan dari api dan kacau dalam mentega kiub sehingga rata.

i) Isikan kulit tart yang telah disejukkan dengan isi limau.

j) Sejukkan sekurang-kurangnya 1 jam sebelum dihidangkan. Secara pilihan, taburkan dengan gula tepung sebelum dihidangkan.

k) Nikmati Mini Limau Tarlets anda!

25. Mini Coklat Ganache Tartlets

BAHAN-BAHAN:
UNTUK KERANGKA TART:
- 1 ¼ cawan tepung serba guna
- ¼ cawan serbuk koko
- ¼ cawan gula pasir
- ½ cawan mentega tanpa garam, sejuk dan kiub

UNTUK COKLAT GANACHE:
- ½ cawan krim berat
- 6 auns coklat separuh manis, dicincang halus
- 1 sudu besar mentega tanpa garam

ARAHAN:
a) Dalam pemproses makanan, satukan tepung, serbuk koko dan gula. Masukkan mentega sejuk, potong dadu dan nadi sehingga adunan menyerupai serbuk kasar.
b) Tekan adunan ke dalam kuali tartlet mini, tutup bahagian bawah dan tepi dengan rata. Cucuk bahagian bawah dengan garpu.
c) Sejukkan kulit tart di dalam peti sejuk selama kira-kira 30 minit.
d) Panaskan ketuhar anda hingga 350°F (175°C).
e) Bakar kulit tart selama 12-15 minit atau sehingga ia menjadi sedikit pejal. Biarkan mereka sejuk sepenuhnya.
f) Dalam periuk kecil, panaskan krim berat di atas api sederhana sehingga ia mula mendidih.
g) Letakkan coklat cincang dalam mangkuk tahan panas dan tuangkan krim panas ke atasnya. Biarkan seketika, kemudian kacau hingga rata.
h) Masukkan sesudu mentega hingga sebati.
i) Isikan kulit tart yang telah disejukkan dengan coklat ganache.
j) Biarkan ganache ditetapkan pada suhu bilik selama kira-kira 1 jam atau sehingga pejal.

26. Tarlet Badam Raspberi Mini

BAHAN-BAHAN:
UNTUK KERANGKA TART:
- 1 ¼ cawan tepung serba guna
- ¼ cawan gula tepung
- ½ cawan mentega tanpa garam, sejuk dan kiub

UNTUK ISI ALMOND:
- ½ cawan tepung badam
- ¼ cawan gula pasir
- ¼ cawan mentega tanpa garam, dilembutkan
- 1 biji telur besar
- ½ sudu teh ekstrak badam

UNTUK PERHIMPUNAN:
- Raspberi segar
- Badam dihiris

ARAHAN:
SEDIAKAN KERANGKA TART:
a) Dalam mangkuk adunan, satukan tepung serba guna dan gula tepung.
b) Masukkan mentega tanpa garam yang sejuk dan dipotong dadu ke dalam adunan tepung.
c) Gunakan pemotong pastri atau jari anda untuk memasukkan mentega ke dalam tepung sehingga adunan menyerupai serbuk kasar.

BENTUK doh:
d) Masukkan air sejuk secara beransur-ansur ke dalam adunan tepung dan mentega, sedikit demi sedikit, dan gaul sehingga adunan sebati.
e) Bentukkan doh ke dalam kekra, balut dengan bungkus plastik, dan simpan dalam peti sejuk selama sekurang-kurangnya 30 minit.
f) Panaskan ketuhar anda hingga 350°F (175°C).
g) Di atas permukaan yang ditaburkan tepung, canai doh yang telah disejukkan pada ketebalan kira-kira ⅛ inci.
h) Gunakan pemotong bulat atau gelas untuk memotong bulatan yang lebih besar sedikit daripada kuali tartlet mini yang anda gunakan.

i) Tekan bulatan doh perlahan-lahan ke dalam kuali tartlet mini, pastikan ia menutup bahagian bawah dan tepi dengan rata. Potong lebihan doh.

j) Dalam mangkuk adunan, satukan tepung badam, gula pasir, mentega tanpa garam yang dilembutkan, telur dan ekstrak badam. Gaul hingga sebati.

ISI KERANGKA TARTLET:

k) Sudukan inti badam secara sekata ke dalam setiap cangkang tartlet, isikannya kira-kira separuh.

l) Letakkan raspberi segar di atas isi badam dalam setiap kulit tartlet. Anda boleh menyusunnya mengikut keinginan anda, tetapi menutup permukaan dengan raspberi kelihatan menarik.

BAKAR TARTLETS:

m) Letakkan kuali tartlet yang telah diisi pada lembaran pembakar dan bakar dalam ketuhar yang telah dipanaskan selama kira-kira 15-18 minit, atau sehingga inti badam ditetapkan dan tepi tartlet berwarna perang keemasan.

n) Biarkan Mini Raspberi Almond Tartlets sejuk sedikit sebelum mengeluarkannya dari kuali tartlet.

o) Secara pilihan, taburkan hirisan badam di bahagian atas tartlet untuk menambah rangup dan hiasan.

p) Hidangkan tartlet hangat atau pada suhu bilik sebagai pencuci mulut atau hidangan yang menarik.

27. Mini Tartlets Quiche Lorraine Savory

BAHAN-BAHAN:

UNTUK KERANGKA TART:
- 1 ¼ cawan tepung serba guna
- ¼ cawan mentega tanpa garam, sejuk dan kiub
- ¼ sudu teh garam
- ¼ cawan air ais

UNTUK PENGISIAN QUICHE:
- 4 keping bacon, dicincang
- ½ cawan keju Gruyere parut
- 2 biji telur besar
- 1 cawan krim berat
- Garam dan lada sulah secukup rasa
- Secubit buah pala

ARAHAN:

SEDIAKAN KERANGKA TART:
a) Dalam mangkuk adunan, satukan tepung serba guna dan garam.
b) Masukkan mentega tanpa garam yang sejuk dan dipotong dadu ke dalam adunan tepung.
c) Gunakan pemotong pastri atau jari anda untuk memasukkan mentega ke dalam tepung sehingga adunan menyerupai serbuk kasar.
d) Masukkan air ais secara beransur-ansur, sedikit demi sedikit, dan gaul sehingga doh menjadi sebati.
e) Bentukkan doh ke dalam kekra, balut dengan bungkus plastik, dan sejukkan selama sekurang-kurangnya 30 minit.
f) Panaskan ketuhar anda kepada 375°F (190°C).
g) Di atas permukaan yang ditaburkan tepung, canai doh yang telah disejukkan pada ketebalan kira-kira ⅛ inci.
h) Gunakan pemotong bulat atau gelas untuk memotong bulatan yang lebih besar sedikit daripada kuali tartlet mini yang anda gunakan.
i) Tekan bulatan doh perlahan-lahan ke dalam kuali tartlet, pastikan ia menutup bahagian bawah dan tepi dengan rata. Potong lebihan doh.

BUTA MEMBAKAR KERANGKA TART:
j) Lapik kulit tartlet dengan kertas parchment dan isi dengan pemberat pai atau kacang kering untuk mengelakkan doh mengembang semasa membakar.
k) Bakar dalam ketuhar yang telah dipanaskan selama kira-kira 10-12 minit, atau sehingga tepi kulit tart berwarna keemasan sedikit.
l) Keluarkan kertas parchment dan pemberat, kemudian bakar selama 5-7 minit tambahan sehingga bahagian bawah berwarna keemasan.
m) Keluarkan kulit tartlet dari ketuhar dan ketepikan untuk menyejukkan.

SEDIAKAN PENGISIAN QUICHE:
n) Dalam kuali, masak daging cincang dengan api sederhana sehingga ia menjadi garing. Buang lemak berlebihan.
o) Taburkan keju Gruyere parut dan bacon yang dimasak dengan rata ke dalam kulit tartlet yang dibakar.
p) Dalam mangkuk adunan, pukul bersama telur, krim kental, garam, lada sulah, dan secubit buah pala sehingga sebati.
q) Berhati-hati tuangkan campuran telur ke atas keju dan bacon dalam setiap cangkang tartlet, mengisinya ke atas.

BAKAR TARTLET QUICHE:
r) Letakkan kuali tartlet yang telah diisi pada lembaran pembakar dan bakar dalam ketuhar yang telah dipanaskan selama kira-kira 20-25 minit, atau sehingga quiche ditetapkan dan mengembang sedikit.
s) Tartlet quiche sepatutnya mempunyai bahagian atas coklat keemasan apabila siap.
t) Biarkan Mini Savory Quiche Lorraine Tartlets sejuk selama beberapa minit sebelum mengeluarkannya dengan berhati-hati dari kuali tartlet.
u) Hidangkan tartlet quiche hangat atau pada suhu bilik sebagai pembuka selera atau snek yang menarik.

KEK MELETOP DAN BOLA

28.Kek Konfeti Funfetti Pops

BAHAN-BAHAN:

UNTUK KEK Pop:
- 1 kotak adunan kek funfetti
- 1/2 cawan mentega tanpa garam, dilembutkan
- 1/2 cawan susu penuh
- 3 biji telur besar
- 1/2 cawan taburan konfeti berwarna-warni

UNTUK COATING CANDY:
- 12 oz gula-gula putih cair atau cip coklat putih
- 2 sudu besar minyak sayuran atau shortening
- Taburan konfeti berwarna-warni tambahan (untuk hiasan)

UNTUK MEMASANG KEK POP:
- Batang pop kek atau batang lolipop

ARAHAN:

UNTUK KEK Pop:

a) Panaskan ketuhar pada suhu yang ditetapkan pada kotak campuran kek.
b) Gris dan tepung dalam loyang atau alaskan dengan kertas minyak.
c) Dalam mangkuk adunan, sediakan adunan kek funfetti mengikut arahan pakej, menggunakan mentega tanpa garam, susu penuh dan telur.
d) Masukkan perlahan-lahan taburan konfeti berwarna-warni ke dalam adunan kek sehingga sekata.
e) Bakar kek dalam ketuhar yang telah dipanaskan sehingga pencungkil gigi yang dimasukkan ke tengah keluar bersih.
f) Biarkan kek sejuk sepenuhnya.
g) Untuk memasang kek pop:
h) Hancurkan kek yang telah disejukkan menjadi serbuk halus menggunakan tangan atau pemproses makanan.
i) Canai adunan ke dalam bebola kek kecil, kira-kira sebesar bola ping pong, dan letakkan di atas loyang yang dialas kertas.
j) Sejukkan bebola kek di dalam peti sejuk selama kira-kira 30 minit atau sehingga pejal.

UNTUK COATING CANDY:

k) Dalam mangkuk selamat gelombang mikro, cairkan gula-gula putih cair atau cip coklat putih dengan minyak sayuran atau pemendekan dalam selang masa yang singkat, kacau di antaranya sehingga rata.

UNTUK MENAMATKAN:

l) Celupkan hujung batang pop kek ke dalam salutan gula-gula cair dan masukkan ke tengah bebola kek sejuk, kira-kira separuh jalan.
m) Celupkan seluruh bebola kek ke dalam salutan gula-gula cair, pastikan ia bersalut sepenuhnya.
n) Segera taburkan pop kek bersalut dengan taburan konfeti berwarna-warni sebelum salutan ditetapkan.
o) Biarkan kek timbul tegak di dalam blok styrofoam atau dirian kek pop untuk membolehkan salutan gula-gula ditetapkan sepenuhnya.

29.Kek Vanila Klasik Pops

BAHAN-BAHAN:

UNTUK KEK Pop:
- 1 kotak adunan kek vanila
- 1/2 cawan mentega tanpa garam, dilembutkan
- 1/2 cawan susu penuh
- 3 biji telur besar

UNTUK FROSS:
- 1/2 cawan mentega tanpa garam, dilembutkan
- 2 cawan gula tepung
- 1 sudu teh ekstrak vanila
- 2 sudu besar susu penuh

UNTUK COATING CANDY:
- 12 oz gula-gula putih cair atau cip coklat putih
- Taburan berwarna-warni (pilihan)

UNTUK MEMASANG KEK POP:
- Batang pop kek atau batang lolipop

ARAHAN:

UNTUK KEK Pop:
a) Panaskan ketuhar pada suhu yang ditetapkan pada kotak campuran kek.
b) Gris dan tepung dalam loyang atau alaskan dengan kertas minyak.
c) Dalam mangkuk adunan, sediakan adunan kek vanila mengikut arahan pakej, menggunakan mentega tanpa garam, susu penuh dan telur.
d) Bakar kek dalam ketuhar yang telah dipanaskan sehingga pencungkil gigi yang dimasukkan ke tengah keluar bersih.
e) Biarkan kek sejuk sepenuhnya.

UNTUK FROSS:
f) Dalam mangkuk adunan yang berasingan, pukul mentega lembut sehingga licin dan berkrim.
g) Masukkan gula tepung, ekstrak vanila dan susu keseluruhan secara beransur-ansur, dan teruskan pukul sehingga pembekuan licin dan boleh disebarkan.

UNTUK MEMASANG KEK POP:
h) Hancurkan kek yang telah disejukkan menjadi serbuk halus menggunakan tangan atau pemproses makanan.
i) Masukkan frosting ke dalam serbuk kek dan gaul sehingga sebati.
j) Canai adunan ke dalam bebola kek kecil, kira-kira sebesar bola ping pong, dan letakkan di atas loyang yang dialas kertas.
k) Sejukkan bebola kek di dalam peti sejuk selama kira-kira 30 minit atau sehingga pejal.

UNTUK COATING CANDY:
l) Cairkan gula-gula putih cair atau cip coklat putih mengikut arahan pakej, menggunakan ketuhar gelombang mikro atau dandang berganda.
m) Celupkan hujung batang pop kek ke dalam salutan gula-gula cair dan masukkan ke tengah bebola kek sejuk, kira-kira separuh jalan.
n) Celupkan keseluruhan kek ke dalam salutan gula-gula cair, pastikan ia bersalut sepenuhnya.
o) Masukkan taburan berwarna-warni (jika suka) semasa salutan masih basah.

UNTUK MENAMATKAN:
p) Biarkan kek timbul tegak di dalam blok styrofoam atau dirian kek pop untuk membolehkan salutan gula-gula ditetapkan sepenuhnya.

30.Bebola Kek Fudge Coklat

BAHAN-BAHAN:
UNTUK BOLA KEK:
- 1 kotak adunan kek coklat fudge
- 1/2 cawan mentega tanpa garam, dilembutkan
- 1/2 cawan susu penuh
- 3 biji telur besar

UNTUK SAPUTAN COKLAT:
- 12 oz cip coklat separuh manis atau coklat gelap cair
- 2 sudu besar minyak sayuran atau shortening
- Taburan coklat atau kacang hancur (pilihan, untuk hiasan)

UNTUK MEMASANG BOLA KEK:
- Batang pop kek atau batang lolipop

ARAHAN:

UNTUK BOLA KEK:

a) Panaskan ketuhar pada suhu yang ditetapkan pada kotak campuran kek.
b) Gris dan tepung dalam loyang atau alaskan dengan kertas minyak.
c) Dalam mangkuk adunan, sediakan adunan kek fudge coklat mengikut arahan pakej, menggunakan mentega tanpa garam, susu penuh dan telur.
d) Bakar kek dalam ketuhar yang telah dipanaskan sehingga pencungkil gigi yang dimasukkan ke tengah keluar bersih.
e) Biarkan kek sejuk sepenuhnya.

UNTUK MEMASANG BOLA KEK:

f) Hancurkan kek yang telah disejukkan menjadi serbuk halus menggunakan tangan atau pemproses makanan.
g) Gulungkan serbuk kek ke dalam bebola kek kecil, kira-kira sebesar bola ping pong, dan letakkan di atas loyang yang dialas kertas.
h) Sejukkan bebola kek di dalam peti sejuk selama kira-kira 30 minit atau sehingga pejal.

UNTUK SAPUTAN COKLAT:

i) Dalam mangkuk yang selamat untuk ketuhar gelombang mikro, cairkan cip coklat separa manis atau coklat gelap cair dengan minyak sayuran atau pemendekan dalam selang masa yang singkat, kacau di antara sehingga rata.
j) Untuk menamatkan:
k) Celupkan hujung batang pop kek ke dalam coklat cair dan masukkan ke tengah bebola kek sejuk, kira-kira separuh jalan.
l) Celupkan keseluruhan bebola kek ke dalam coklat cair, pastikan ia bersalut sepenuhnya.
m) Hiaskan dengan taburan coklat atau kacang hancur (jika mahu) semasa salutan masih basah.
n) Letakkan bebola kek tegak di dalam blok styrofoam atau dudukan kek pop untuk membolehkan salutan coklat ditetapkan sepenuhnya.

31. Limau Raspberi Kek Pops

BAHAN-BAHAN:

UNTUK KEK Pop:
- 1 kotak campuran kek limau
- 1/2 cawan mentega tanpa garam, dilembutkan
- 1/2 cawan susu penuh
- 3 biji telur besar
- Perahan sebiji limau

UNTUK PENGISIAN RASPBERI:
- 1 cawan raspberi segar
- 2 sudu besar gula pasir

UNTUK COATING CANDY:
- 12 oz gula-gula putih cair atau cip coklat putih
- Pewarna makanan kuning atau merah jambu (pilihan)
- Kulit limau (untuk hiasan, pilihan)

UNTUK MEMASANG KEK POP:
- Batang pop kek atau batang lolipop

ARAHAN:

UNTUK KEK Pop:
a) Panaskan ketuhar pada suhu yang ditetapkan pada kotak campuran kek.
b) Gris dan tepung dalam loyang atau alaskan dengan kertas minyak.
c) Dalam mangkuk adunan, sediakan adunan kek limau mengikut arahan pakej, menggunakan mentega tanpa garam, susu penuh, telur dan kulit limau.
d) Bakar kek dalam ketuhar yang telah dipanaskan sehingga pencungkil gigi yang dimasukkan ke tengah keluar bersih.
e) Biarkan kek sejuk sepenuhnya.

UNTUK PENGISIAN RASPBERI:
f) Dalam mangkuk yang berasingan, tumbuk raspberi segar dengan gula pasir sehingga ia membentuk puri halus.

UNTUK MEMASANG KEK POP:
g) Hancurkan kek yang telah disejukkan menjadi serbuk halus menggunakan tangan atau pemproses makanan.
h) Campurkan puri raspberi ke dalam serbuk kek sehingga sebati.

i) Canai adunan ke dalam bebola kek kecil, kira-kira sebesar bola ping pong, dan letakkan di atas loyang yang dialas kertas.
j) Sejukkan bebola kek di dalam peti sejuk selama kira-kira 30 minit atau sehingga pejal.

UNTUK COATING CANDY:

k) Cairkan gula-gula putih cair atau cip coklat putih mengikut arahan pakej, menggunakan ketuhar gelombang mikro atau dandang berganda.
l) Secara pilihan, tambahkan beberapa titis pewarna makanan kuning atau merah jambu pada salutan gula-gula cair untuk mencapai warna pastel.
m) Celupkan hujung batang pop kek ke dalam salutan gula-gula cair dan masukkan ke tengah bebola kek sejuk, kira-kira separuh jalan.
n) Celupkan keseluruhan kek ke dalam salutan gula-gula cair, pastikan ia bersalut sepenuhnya.

UNTUK MENAMATKAN:

o) Secara pilihan, hiaskan setiap pop kek dengan taburan kulit limau untuk mendapatkan tambahan rasa limau.
p) Biarkan kek timbul tegak di dalam blok styrofoam atau dirian kek pop untuk membolehkan salutan gula-gula ditetapkan sepenuhnya.

32. Bebola Kek Keju Krim Baldu merah

BAHAN-BAHAN:

UNTUK BOLA KEK:
- 1 kotak adunan kek baldu merah
- 1/2 cawan mentega tanpa garam, dilembutkan
- 1/2 cawan buttermilk
- 3 biji telur besar

UNTUK KRIM KEJU FROSTING:
- 1 bungkusan (8 oz) keju krim, dilembutkan
- 1/4 cawan mentega tanpa garam, dilembutkan
- 3 cawan gula tepung
- 1 sudu teh ekstrak vanila

UNTUK COATING CANDY:
- 12 oz gula-gula putih cair atau cip coklat putih
- Pewarna makanan gel merah (pilihan)
- Serbuk kek baldu merah (untuk hiasan, pilihan)

UNTUK MEMASANG BOLA KEK:
- Batang pop kek atau batang lolipop

ARAHAN:

UNTUK BOLA KEK:
a) Panaskan ketuhar pada suhu yang ditetapkan pada kotak campuran kek.
b) Gris dan tepung dalam loyang atau alaskan dengan kertas minyak.
c) Dalam mangkuk adunan, sediakan adunan kek baldu merah mengikut arahan pakej, menggunakan mentega tanpa garam, susu mentega dan telur.
d) Bakar kek dalam ketuhar yang telah dipanaskan sehingga pencungkil gigi yang dimasukkan ke tengah keluar bersih.
e) Biarkan kek sejuk sepenuhnya.

UNTUK KRIM KEJU FROSTING:
f) Dalam mangkuk adunan yang berasingan, pukul keju krim lembut dan mentega sehingga licin dan berkrim.
g) Masukkan gula tepung dan ekstrak vanila secara beransur-ansur, dan teruskan pukul sehingga pembekuan licin dan boleh disebarkan.

UNTUK MEMASANG BOLA KEK:

h) Hancurkan kek yang telah disejukkan menjadi serbuk halus menggunakan tangan atau pemproses makanan.

i) Campurkan krim keju frosting ke dalam serbuk kek sehingga sebati.

j) Canai adunan ke dalam bebola kek kecil, kira-kira sebesar bola ping pong, dan letakkan di atas loyang yang dialas kertas.

k) Sejukkan bebola kek di dalam peti sejuk selama kira-kira 30 minit atau sehingga pejal.

UNTUK COATING CANDY:

l) Cairkan gula-gula putih cair atau cip coklat putih mengikut arahan pakej, menggunakan ketuhar gelombang mikro atau dandang berganda.

m) Secara pilihan, tambahkan beberapa titis pewarna makanan gel merah pada salutan gula-gula cair untuk mencapai warna merah yang terang.

UNTUK MENAMATKAN:

n) Celupkan hujung batang pop kek ke dalam salutan gula-gula cair dan masukkan ke tengah bebola kek sejuk, kira-kira separuh jalan.

o) Celupkan seluruh bebola kek ke dalam salutan gula-gula cair, pastikan ia bersalut sepenuhnya.

p) Secara pilihan, hiaskan setiap bebola kek dengan taburan serbuk kek baldu merah untuk sentuhan yang menawan.

q) Letakkan bebola kek tegak di dalam blok styrofoam atau dudukan kek pop untuk membolehkan salutan gula-gula ditetapkan sepenuhnya.

33.Biskut Dan Kek Krim Pops

BAHAN-BAHAN:
UNTUK KEK Pop:
- 1 kotak adunan kek coklat
- 1/2 cawan mentega tanpa garam, dilembutkan
- 1/2 cawan susu penuh
- 3 biji telur besar
- 1 cawan biskut sandwic coklat hancur (seperti Oreo)

UNTUK SAPUTAN COKLAT PUTIH:
- 12 oz gula-gula putih cair atau cip coklat putih
- 2 sudu besar minyak sayuran atau shortening

UNTUK MEMASANG KEK POP:
- Batang pop kek atau batang lolipop

ARAHAN:

UNTUK KEK Pop:
a) Panaskan ketuhar pada suhu yang ditetapkan pada kotak campuran kek.
b) Gris dan tepung dalam loyang atau alaskan dengan kertas minyak.
c) Dalam mangkuk adunan, sediakan adunan kek coklat mengikut arahan pakej, menggunakan mentega tanpa garam, susu penuh dan telur.
d) Masukkan biskut sandwic coklat yang telah dihancurkan ke dalam adunan kek sehingga sebati.
e) Bakar kek dalam ketuhar yang telah dipanaskan sehingga pencungkil gigi yang dimasukkan ke tengah keluar bersih.
f) Biarkan kek sejuk sepenuhnya.

UNTUK MEMASANG KEK POP:
g) Hancurkan kek yang telah disejukkan menjadi serbuk halus menggunakan tangan atau pemproses makanan.
h) Canai adunan ke dalam bebola kek kecil, kira-kira sebesar bola ping pong, dan letakkan di atas loyang yang dialas kertas.
i) Sejukkan bebola kek di dalam peti sejuk selama kira-kira 30 minit atau sehingga pejal.

UNTUK SAPUTAN COKLAT PUTIH:
j) Dalam mangkuk selamat gelombang mikro, cairkan gula-gula putih cair atau cip coklat putih dengan minyak sayuran atau pemendekan dalam selang masa yang singkat, kacau di antaranya sehingga rata.

UNTUK MENAMATKAN:
k) Celupkan hujung batang pop kek ke dalam coklat putih cair dan masukkan ke tengah bebola kek sejuk, kira-kira separuh jalan.
l) Celupkan keseluruhan kek ke dalam coklat putih cair, pastikan ia bersalut sepenuhnya.
m) Secara pilihan, hiaskan kek pop dengan tambahan biskut sandwic coklat hancur di atas semasa salutan masih basah.
n) Biarkan kek timbul tegak dalam blok styrofoam atau tempat letak kek pop untuk membolehkan salutan coklat putih ditetapkan sepenuhnya.

34. Bebola Kek Karamel Masin

BAHAN-BAHAN:

UNTUK BOLA KEK:
- 1 kotak adunan kek karamel
- 1/2 cawan mentega tanpa garam, dilembutkan
- 1/2 cawan susu penuh
- 3 biji telur besar

UNTUK ISI KARAMEL MASIN:
- 1 cawan sos karamel yang dibeli di kedai atau buatan sendiri
- 1/2 sudu teh garam laut

UNTUK COATING CANDY:
- 12 oz gula-gula berperisa karamel cair
- 2 sudu besar minyak sayuran atau shortening
- Garam laut kasar (untuk hiasan, pilihan)

UNTUK MEMASANG BOLA KEK:
- Batang pop kek atau batang lolipop

ARAHAN:

UNTUK BOLA KEK:
a) Panaskan ketuhar pada suhu yang ditetapkan pada kotak campuran kek.
b) Gris dan tepung dalam loyang atau alaskan dengan kertas minyak.
c) Dalam mangkuk adunan, sediakan adunan kek karamel mengikut arahan pakej, menggunakan mentega tanpa garam, susu penuh dan telur.
d) Bakar kek dalam ketuhar yang telah dipanaskan sehingga pencungkil gigi yang dimasukkan ke tengah keluar bersih.
e) Biarkan kek sejuk sepenuhnya.

UNTUK ISI KARAMEL MASIN:
f) Dalam mangkuk yang berasingan, campurkan sos karamel dengan garam laut sehingga sebati.

UNTUK MEMASANG BOLA KEK:
g) Hancurkan kek yang telah disejukkan menjadi serbuk halus menggunakan tangan atau pemproses makanan.
h) Campurkan inti karamel masin ke dalam serbuk kek sehingga sebati.

i) Canai adunan ke dalam bebola kek kecil, kira-kira sebesar bola ping pong, dan letakkan di atas loyang yang dialas kertas.
j) Sejukkan bebola kek di dalam peti sejuk selama kira-kira 30 minit atau sehingga pejal.

UNTUK COATING CANDY:

k) Dalam mangkuk yang selamat untuk ketuhar gelombang mikro, cairkan gula-gula berperisa karamel atau cip coklat berperisa karamel dengan minyak sayuran atau pemendekan dalam selang masa yang singkat, kacau di antara sehingga rata.
l) Untuk menamatkan:
m) Celupkan hujung batang pop kek ke dalam salutan gula-gula cair dan masukkan ke tengah bebola kek sejuk, kira-kira separuh jalan.
n) Celupkan seluruh bebola kek ke dalam salutan gula-gula cair, pastikan ia bersalut sepenuhnya.
o) Secara pilihan, taburkan setiap bebola kek dengan secubit garam laut kasar untuk rasa tambahan.
p) Letakkan bebola kek tegak di dalam blok styrofoam atau dudukan kek pop untuk membolehkan salutan gula-gula ditetapkan sepenuhnya.

35. Bebola Kek Kejukek Strawberi

BAHAN-BAHAN:

UNTUK BOLA KEK:
- 1 kotak adunan kek strawberi
- 1/2 cawan mentega tanpa garam, dilembutkan
- 1/2 cawan susu penuh
- 3 biji telur besar

UNTUK PENGISIAN KEK KEJU:
- 1 bungkusan (8 oz) keju krim, dilembutkan
- 1/4 cawan gula pasir
- 1 sudu teh ekstrak vanila

UNTUK COATING CANDY:
- 12 oz gula-gula putih cair atau cip coklat putih
- 2 sudu besar minyak sayuran atau shortening

UNTUK GLAZE STRAWBERI :
- 1 cawan strawberi segar, dicincang
- 1/4 cawan gula pasir
- 1 sudu besar tepung jagung
- 1 sudu besar air

UNTUK MEMASANG BOLA KEK:
- Batang pop kek atau batang lolipop

ARAHAN:

UNTUK BOLA KEK:
a) Panaskan ketuhar pada suhu yang ditetapkan pada kotak campuran kek.
b) Gris dan tepung dalam loyang atau alaskan dengan kertas minyak.
c) Dalam mangkuk adunan, sediakan adunan kek strawberi mengikut arahan pakej, menggunakan mentega tanpa garam, susu penuh dan telur.
d) Bakar kek dalam ketuhar yang telah dipanaskan sehingga pencungkil gigi yang dimasukkan ke tengah keluar bersih.
e) Biarkan kek sejuk sepenuhnya.

UNTUK PENGISIAN KEK KEJU:
f) Dalam mangkuk adunan yang berasingan, pukul keju krim lembut, gula pasir, dan ekstrak vanila sehingga licin dan berkrim.
g) Untuk memasang bebola kek:

h) Hancurkan kek yang telah disejukkan menjadi serbuk halus menggunakan tangan atau pemproses makanan.
i) Campurkan inti kek keju ke dalam serbuk kek sehingga sebati.
j) Canai adunan ke dalam bebola kek kecil, kira-kira sebesar bola ping pong, dan letakkan di atas loyang yang dialas kertas.
k) Sejukkan bebola kek di dalam peti sejuk selama kira-kira 30 minit atau sehingga pejal.

UNTUK COATING CANDY:
l) Dalam mangkuk selamat gelombang mikro, cairkan gula-gula putih cair atau cip coklat putih dengan minyak sayuran atau pemendekan dalam selang masa yang singkat, kacau di antaranya sehingga rata.

UNTUK GLAZE STRAWBERI :
m) Dalam periuk, satukan strawberi yang dicincang, gula pasir, tepung jagung dan air.
n) Masak dengan api sederhana, kacau sentiasa sehingga adunan menjadi pekat dan strawberi pecah menjadi konsisten seperti sayu.
o) Keluarkan dari api dan biarkan sayu strawberi sejuk.

UNTUK MENAMATKAN:
p) Celupkan hujung batang pop kek ke dalam salutan gula-gula cair dan masukkan ke tengah bebola kek sejuk, kira-kira separuh jalan.
q) Celupkan seluruh bebola kek ke dalam salutan gula-gula cair, pastikan ia bersalut sepenuhnya.
r) Siram setiap bebola kek dengan sayu strawberi yang disejukkan untuk kemasan yang menarik.
s) Letakkan bebola kek tegak di dalam blok styrofoam atau dudukan kek pop untuk membolehkan salutan gula-gula ditetapkan sepenuhnya.

SANDWICH MINI

36. Sandwic Mini Caprese

BAHAN-BAHAN:
- 12 roti gelangsar mini atau gulung makan malam
- 12 keping keju mozzarella segar
- 2 biji tomato, dihiris
- Daun selasih segar
- Sayu balsamic
- Garam dan lada sulah secukup rasa

ARAHAN:
a) Potong roti peluncur mini atau gulungan makan malam separuh secara mendatar.
b) Lapiskan sepotong keju mozzarella, sepotong tomato, dan beberapa helai daun selasih pada bahagian bawah setiap roti.
c) Gerimis dengan balsamic glaze dan perasakan dengan garam dan lada sulah.
d) Letakkan separuh bahagian atas roti pada inti.
e) Selamatkan sandwic mini dengan pencungkil gigi jika dikehendaki.
f) Hidangkan dan nikmati sandwic Caprese yang menyegarkan ini.

37. Sandwic Salad Ayam Mini

BAHAN-BAHAN:
- 12 croissant mini atau roti gulung kecil
- 2 cawan dada ayam masak, dicincang atau dipotong dadu
- ½ cawan mayonis
- 1 sudu besar mustard Dijon
- ¼ cawan saderi, dicincang halus
- 2 biji bawang hijau, hiris nipis
- Garam dan lada sulah secukup rasa

ARAHAN:

a) Dalam mangkuk, campurkan dada ayam yang dicincang atau dipotong dadu, mayonis, mustard Dijon, saderi, dan bawang hijau sehingga sebati.

b) Perasakan dengan garam dan lada sulah secukup rasa.

c) Potong croissant mini atau roti gulung separuh secara mendatar.

d) Sudukan sejumlah besar salad ayam ke bahagian bawah setiap croissant atau gulung.

e) Letakkan separuh bahagian atas croissant atau gulung pada inti.

f) Selamatkan sandwic mini dengan pencungkil gigi jika dikehendaki.

g) Hidangkan dan nikmati sandwic salad ayam berperisa ini.

38. Sandwic Mini Turki Dan Kranberi

BAHAN-BAHAN:
- 12 gulung makan malam mini atau roti gulung kecil
- 12 keping dada ayam belanda
- ½ cawan sos kranberi
- Segenggam bayi bayam atau daun arugula
- ¼ cawan krim keju
- Garam dan lada sulah secukup rasa

ARAHAN:
a) Potong gulung makan malam atau roti gulung separuh secara mendatar.
b) Sapukan krim keju pada bahagian bawah setiap gulungan.
c) Lapiskan hirisan dada ayam belanda, sesudu sos kranberi, dan beberapa daun bayam atau arugula bayi di atas keju krim.
d) Perasakan dengan garam dan lada sulah secukup rasa.
e) Letakkan separuh bahagian atas gulungan pada inti.
f) Selamatkan sandwic mini dengan pencungkil gigi jika dikehendaki.

39.Peluncur Mini Ham Dan Keju

BAHAN-BAHAN:
- 12 roti gelangsar mini atau gulung makan malam
- 12 keping ham
- 12 keping keju (seperti cheddar, Swiss, atau provolone)
- 2 sudu besar mustard Dijon
- 2 sudu besar mayonis
- 2 sudu besar mentega, cair
- ½ sudu teh serbuk bawang putih
- ½ sudu teh biji popia (pilihan)

ARAHAN:

a) Panaskan ketuhar hingga 350°F (175°C).

b) Potong roti gelangsar atau gulungan makan malam separuh secara mendatar.

c) Sapukan mustard Dijon pada bahagian bawah setiap roti dan mayonis pada bahagian atas.

d) Lapiskan ham dan keju yang dihiris pada bahagian bawah setiap roti.

e) Letakkan separuh bahagian atas roti pada inti untuk membuat sandwic.

f) Letakkan sandwic dalam hidangan pembakar.

g) Dalam mangkuk kecil, campurkan mentega cair dengan serbuk bawang putih. Sapu adunan di atas bahagian atas sandwic.

h) Taburkan biji popi di atas sandwic jika mahu.

i) Tutup loyang dengan foil dan bakar selama 10-15 minit atau sehingga keju cair dan roti dibakar sedikit.

j) Hidangkan gelangsar ham dan keju yang hangat dan murah ini.

40. Sandwic Kelab Veggie Mini

BAHAN-BAHAN:
- 12 poket mini pita atau roti gulung kecil
- ½ cawan hummus
- 12 keping timun
- 12 keping tomato
- 12 keping avokado
- Segenggam daun salad atau taugeh
- Garam dan lada sulah secukup rasa

ARAHAN:

a) Potong poket pita mini atau gulungan roti separuh secara mendatar.

b) Sapukan hummus pada separuh bahagian bawah setiap poket atau gulung.

c) Lapiskan hirisan timun, hirisan tomato, hirisan alpukat, dan daun salad atau pucuk di atas hummus.

d) Perasakan dengan garam dan lada sulah secukup rasa.

e) Letakkan bahagian atas poket atau gulung pada inti.

f) Selamatkan sandwic mini dengan pencungkil gigi jika dikehendaki.

g) Hidangkan dan nikmati sandwic kelab sayuran berperisa ini.

COOKIES

41. Biskut Pretzel Dan Karamel

BAHAN-BAHAN:
- 1 paket campuran kek coklat (saiz biasa)
- 1/2 cawan mentega, cair
- 2 biji telur besar, suhu bilik
- 1 cawan pretzel kecil pecah, dibahagikan
- 1 cawan cip coklat separuh manis
- 2 sudu besar topping karamel masin

ARAHAN:

a) Panaskan ketuhar hingga 350°. Satukan campuran kek, mentega cair dan telur; pukul sehingga sebati. Masukkan 1/2 cawan pretzel, cip coklat dan topping karamel.

b) Titiskan dengan sudu besar bulat 2 inci pada bahagian atas loyang yang telah digris. Ratakan sedikit dengan bahagian bawah gelas; tekan pretzel yang tinggal di atas setiap satu. Bakar 8-10 minit atau sehingga set.

c) Sejukkan pada kuali 2 minit. Keluarkan ke rak dawai untuk menyejukkan sepenuhnya.

42. Kuih Hemp Buckeye

BAHAN-BAHAN:
- 1 paket campuran kek coklat (saiz biasa)
- 2 biji telur besar, suhu bilik
- 1/2 cawan minyak
- 1 cawan cip coklat separuh manis
- 1 cawan mentega kacang berkrim
- 1/2 cawan gula gula

ARAHAN:
a) Panaskan ketuhar hingga 350°.
b) Dalam mangkuk besar, satukan adunan kek, telur dan minyak sehingga sebati. Masukkan coklat chips. Tekan separuh doh ke dalam 10 inci. besi tuang atau kuali kalis ketuhar lain.
c) Satukan mentega kacang dan gula kuih-muih; ratakan atas doh dalam kuali.
d) Tekan doh yang tinggal di antara helaian kertas ke dalam 10-inci. bulatan; letak atas isian.
e) Bakar sehingga pencungkil gigi yang dimasukkan di tengah keluar dengan serbuk lembap, 20-25 minit.

43. KekMix Sandwich Cookies

BAHAN-BAHAN:
- 1 campuran kek coklat kotak 18.25 auns
- 1 biji telur, suhu bilik
- ½ cawan mentega
- 1 tab 12-auns pembekuan vanila

ARAHAN:
a) Panaskan ketuhar hingga 350°F.
b) Tutup lembaran biskut dengan lapisan kertas parchment. Mengetepikan.
c) Dalam mangkuk adunan besar, satukan adunan kek, telur dan mentega. Gunakan pengadun elektrik untuk menghasilkan adunan yang licin dan seragam.
d) Canai doh biskut menjadi bebola 1" dan letakkan di atas kepingan biskut. Tekan setiap bola dengan sudu untuk rata. Bakar selama 10 minit.
e) Benarkan kuki sejuk sepenuhnya sebelum mengapit lapisan pembekuan di antara dua kuki.

44. Granola & Biskut Coklat

BAHAN-BAHAN:
- campuran kek coklat 18.25 auns
- ¾ cawan mentega, dilembutkan
- ½ cawan gula perang yang dibungkus
- 2 biji telur
- 1 cawan granola
- 1 cawan cip coklat putih
- 1 cawan ceri kering

ARAHAN:
a) Panaskan ketuhar hingga 375°F.
b) Dalam mangkuk besar, satukan adunan kek, mentega, gula perang, dan telur dan pukul sehingga menjadi adunan.
c) Masukkan granola dan cip coklat putih. Titiskan sesudu teh pada jarak kira-kira 2 inci pada helaian kuki yang tidak digris.
d) Bakar selama 10–12 minit atau sehingga biskut berwarna perang keemasan muda di sekeliling tepi.
e) Sejukkan pada helaian biskut selama 3 minit, kemudian keluarkan ke rak dawai .

45.Kuih Gula Kotak Kek

BAHAN-BAHAN:
- 1 18.25-auns campuran kek coklat putih
- ¾ cawan mentega
- 2 biji putih telur
- 2 sudu besar krim ringan

ARAHAN:
a) Letakkan adunan kek dalam mangkuk besar. Menggunakan pengisar pastri atau dua garpu, potong mentega sehingga zarah halus.
b) Campurkan putih telur dan krim hingga sebati. Bentukkan doh menjadi bebola dan tutup.
c) Sejukkan sekurang-kurangnya dua jam dan sebanyak 8 jam di dalam peti sejuk.
d) P panaskan semula ketuhar kepada 375°F.
e) Canai doh ke dalam bebola 1" dan letakkan di atas kepingan biskut yang tidak digris. Ratakan setebal ¼" dengan bahagian bawah kaca.
f) Bakar selama 7–10 minit atau sehingga tepi biskut berwarna coklat muda.
g) Sejukkan pada helaian biskut selama 2 minit, kemudian keluarkan ke rak dawai untuk menyejukkan sepenuhnya.

46. Kuki Kotak Kek Jerman

BAHAN-BAHAN:
- 1 kotak 18.25 auns campuran kek coklat Jerman
- 1 cawan cip coklat separuh manis
- 1 cawan oatmeal
- ½ cawan minyak
- 2 biji telur, dipukul sedikit
- ½ cawan kismis
- 1 sudu teh vanila

ARAHAN:
a) Panaskan ketuhar hingga 350°F.
b) Satukan semua bahan. Gaul rata menggunakan pengadun elektrik yang ditetapkan pada kelajuan rendah. Jika serbuk tepung berkembang, tambahkan sedikit air.
c) Titiskan doh dengan sudu ke atas kepingan biskut yang tidak digris.
d) Bakar selama 10 minit.
e) Sejukkan sepenuhnya sebelum mengangkat biskut dari helaian dan ke atas hidangan.

PUFF KRIM

47. Cocktail Krim Puffs

BAHAN-BAHAN:
- ½ cawan Mentega
- 1 cawan tepung
- 4 biji telur
- 1 cawan Air mendidih
- 2 sudu besar Mentega
- 1 cawan Pecan, dicincang
- 1½ cawan Ayam, masak
- ¼ sudu teh garam
- 3 auns krim keju
- ¼ cawan Mayonis
- ¼ sudu teh Kulit limau

ARAHAN:

a) Satukan mentega dan air mendidih dalam periuk. Masukkan tepung dan garam, dan rebus selama kira-kira 2 minit atau sehingga ia membentuk bebola lembut. Masukkan telur, satu demi satu, pukul sebati.

b) Titiskan sesudu kecil adunan ke atas loyang yang telah digris. Bakar selama 20 - 22 minit pada suhu 425 darjah. Sejukkan di atas rak.

c) Cairkan mentega dalam kuali; masukkan pecan dan masak dengan api perlahan hingga perang. Sejukkan dan satukan bahan yang tinggal. Gunakan untuk mengisi puff krim.

d) Potong bahagian atas puff dan isi dengan isi ayam. Gantikan bahagian atas.

48. Puff Krim Raspberi

BAHAN-BAHAN:
- 1 cawan air
- ½ cawan mentega tanpa garam
- 1 cawan tepung serba guna
- 4 biji telur besar
- ¼ sudu teh garam
- 1 cawan krim berat
- ½ cawan jem raspberi

ARAHAN:
a) Panaskan ketuhar anda hingga 425°F (220°C).
b) Didihkan air, garam dan mentega dalam periuk.
c) Kacau dalam tepung sehingga menjadi doh yang licin.
d) Keluarkan dari api, biarkan sejuk sedikit.
e) Masukkan telur satu persatu, gaul rata selepas setiap satu.
f) Titiskan sudu ke atas loyang.
g) Bakar selama 20-25 minit.
h) Pukul krim kental sehingga stiff peak terbentuk.
i) Potong sedutan separuh dan isi dengan jem raspberi dan krim disebat.

49.Puff Krim Hazelnut Dan Marshmallow Panggang

BAHAN-BAHAN:

HAZELNUT PRALINE:
- 100g kacang hazel
- 30g gula pasir
- 12g air

KRIM PASTRI PRALINE:
- 142g susu penuh
- 75g pes praline
- 230g krim berat
- 50g gula pasir
- 22g tepung jagung
- 45g kuning telur
- 45g mentega tanpa garam, pada suhu bilik

COOKIES UNTUK choux:
- 180g gula perang ringan
- 150g tepung serba guna
- 30g tepung badam
- 85g mentega tanpa garam, potong ¼ inci

PÂTE À CHOUX:
- 250g air
- 125g mentega tanpa garam, pada suhu bilik
- 2.5g garam halal
- 138g tepung serba guna
- 250 hingga 275g telur

SWISS MERINGUE:
- 100g putih telur
- 150g gula pasir

ARAHAN:

HAZELNUT PRALINE:

a) Panaskan ketuhar hingga 300°F. Alaskan loyang dengan kertas parchment dan panggang kacang hazel sehingga berwarna perang keemasan. Jangan terlalu dibakar, kerana ia akan terus masak apabila karamel.
b) Gosokkan hazelnut untuk membuang kulitnya.
c) Satukan gula dan air dalam periuk kecil dengan api sederhana. Didihkan dan masak selama 1 minit.
d) Masukkan kacang hazel hangat dan kacau sehingga ia bersalut rata dan karamel.
e) Pindahkan hazelnut yang telah dikaramelkan ke dalam loyang atau lembaran pembakar beralas silpat untuk menyejukkan sepenuhnya.
f) Kisar 80g hazelnut karamel sehingga menyerupai tepung jagung, kemudian masukkan susu dan kisar sehingga rata. Ketepikan baki 20g hazelnut penuh karamel.

KRIM PASTRI PRALINE:

g) Panaskan campuran susu praline dan krim kental dalam periuk dengan api sederhana, kacau sentiasa.
h) Satukan gula dan tepung jagung dalam mangkuk kecil, masukkan kuning telur, dan pukul sehingga pucat.
i) Perlahan-lahan masukkan ¼ adunan susu ke dalam kuning telur, kemudian masukkan kembali ke dalam periuk dan masak sehingga pekat.
j) Keluarkan dari haba, tambah mentega, dan tapis melalui ayak mesh halus. Sejukkan, tutup dengan bungkus plastik, dan sejukkan selama 2 jam atau semalaman.

COOKIES UNTUK choux:

k) Campurkan gula perang, tepung serba guna dan tepung badam dalam mangkuk pengadun berdiri.
l) Masukkan mentega dan gaul sehingga sebati, membentuk adunan yang hancur.
m) Canai doh di antara kertas kulit hingga ketebalan 1/16 inci. Bekukan sehingga sejuk.

PÂTE À CHOUX:
n) Panaskan ketuhar hingga 375°F.
o) Dalam periuk, satukan air, mentega, dan garam. Kacau sehingga mentega cair.
p) Masukkan tepung kacau sehingga doh ditarik dari tepi dan berkilat.
q) Pindahkan doh ke dalam mangkuk pengadun dan gaul pada kelajuan rendah.
r) Masukkan telur secara beransur-ansur sehingga doh hilang dari sisi tetapi sangkut kembali sedikit.
s) Pindahkan doh ke dalam beg pastri dan paipkannya ke atas kertas silpat atau parchment mengikut templat.
t) Letakkan biskut di atas choux berpaip dan tekan sedikit untuk selamat.
u) Bakar pada 375°F, kemudian kurangkan kepada 350°F selama 30-35 minit, kemudian 325°F selama 10 minit lagi.

SWISS MERINGUE:
v) Satukan putih telur dan gula dalam mangkuk pengadun berdiri di atas air mendidih. Pukul sehingga mencapai 60°C.
w) Pukul pada kelajuan sederhana tinggi selama 5-8 minit sehingga puncak kaku berkilat terbentuk.

PERHIMPUNAN:
x) Potong sedutan krim ¾ daripada bahagian atas.
y) Paipkan krim pastri praline ke dalam puff.
z) Paipkan meringue Swiss di atas krim pastri.
aa) Bakar perlahan-lahan meringue dengan obor butana.
bb) Letakkan bahagian atas sedutan semula.
cc) Sapukan setitik kecil meringue di atas dan hiaskan dengan hazelnut karamel keseluruhan dan separuh.
dd) Hidangkan segera.

50. Puff Krim Strawberi

BAHAN-BAHAN:
UNTUK CRAQUELIN:
- 150g mentega lembut
- 150g gula kastor
- 180g tepung
- ½ sudu teh vanila
- 1 sudu teh pewarna makanan merah jambu

UNTUK PUFF KRIM:
- 1 cawan air
- ½ cawan mentega, potong dadu
- 1 cawan tepung serba guna
- 4 biji telur

UNTUK KRIM OREN DAN ISI STRAWBERI:
- ½ cawan susu
- ½ cawan krim
- 2 sudu besar gula
- 2 biji kuning telur
- 2 sudu besar gula
- ½ cawan strawberi dipotong dadu

ARAHAN:

BUAT CRAQUELIN:

a) Pukul mentega dan gula hingga pucat. Masukkan esen vanila dan pewarna makanan merah jambu. Gaul sebati. Masukkan tepung dan satukan semuanya. Canai pes sehingga ketebalan 1 inci pada lembaran pembakar dan beku selama 30 minit. Potong bulatan 3 inci selepas sejuk.

b) Panaskan ketuhar anda hingga 200°C dan alaskan dulang pembakar dengan kertas parchment.

MEMBUAT PASTRI UNTUK BUNGA:

c) Didihkan air dan mentega. Angkat dari api dan masukkan semua tepung sekaligus. Gaul kuat-kuat sehingga bebola terbentuk. Letakkan periuk pada api perlahan dan masak selama 3-5 minit. Keluarkan dari haba dan biarkan ia sejuk.

d) Masukkan telur satu persatu, gaul rata selepas setiap penambahan. Pindahkan pastri ke dalam piping bag dan sfera paip di atas dulang pembakar.

e) Bakar selama 10 minit, kemudian kurangkan suhu kepada 165°C dan bakar selama 20 minit lagi sehingga perang. Jangan buka pintu ketuhar semasa membakar.

f) Semasa roti sejuk, buat inti: Pukul kuning telur dan gula dalam mangkuk. Dalam periuk, reneh susu dan krim, kemudian masukkan vanila. Masukkan campuran susu perlahan-lahan ke dalam adunan kuning telur, kacau berterusan. Masak hingga berbuih di atas. Keluarkan dari haba, tapis jika perlu, dan biarkan ia sejuk. Masukkan kulit oren dan masukkan strawberi yang telah dipotong dadu.

g) Isikan krim puff dengan inti oren dan strawberi. Hidangkan segera. Nikmati Puff Krim Strawberi anda!

51. Puff Krim Dadih Limau

BAHAN-BAHAN:
- 1 cawan air
- ½ cawan mentega tanpa garam
- 1 cawan tepung serba guna
- 4 biji telur besar
- ¼ sudu teh garam
- 1 cawan dadih limau
- Gula serbuk untuk habuk

ARAHAN:
a) Panaskan ketuhar anda hingga 425°F (220°C).
b) Didihkan air, garam dan mentega dalam periuk.
c) Kacau dalam tepung sehingga menjadi doh yang licin.
d) Keluarkan dari api, biarkan sejuk sedikit.
e) Masukkan telur satu persatu, gaul rata selepas setiap satu.
f) Titiskan sudu ke atas loyang.
g) Bakar selama 20-25 minit.
h) Apabila sejuk, isi dengan dadih limau.
i) Taburkan dengan gula tepung.

52. Puff Krim Hazelnut Praline

BAHAN-BAHAN:
- 1 cawan air
- ½ cawan mentega tanpa garam
- 1 cawan tepung serba guna
- 4 biji telur besar
- ¼ sudu teh garam
- 1 cawan pes praline hazelnut
- ¼ cawan hazelnut panggang yang dicincang

ARAHAN:
a) Panaskan ketuhar anda hingga 425°F (220°C).
b) Dalam periuk, masak air, garam dan mentega hingga mendidih.
c) Kacau dalam tepung sehingga menjadi doh yang licin.
d) Keluarkan dari api, biarkan sejuk sedikit.
e) Masukkan telur satu persatu, gaul rata selepas setiap satu.
f) Paipkan doh ke dalam bulatan kecil di atas loyang.
g) Bakar selama 20-25 minit.
h) Isi dengan pes praline hazelnut.
i) Taburkan dengan hazelnut panggang yang dicincang.

53. Beri biru Krim Puffs

BAHAN-BAHAN:
- 1 cawan air
- ½ cawan mentega tanpa garam
- 1 cawan tepung serba guna
- 4 biji telur besar
- ¼ sudu teh garam
- 1 cawan jem Beri biru
- Gula serbuk untuk habuk

ARAHAN:
a) Panaskan ketuhar anda hingga 425°F (220°C).
b) Didihkan air, garam dan mentega dalam periuk.
c) Kacau dalam tepung sehingga menjadi doh yang licin.
d) Keluarkan dari api, biarkan sejuk sedikit.
e) Masukkan telur satu persatu, gaul rata selepas setiap satu.
f) Titiskan sudu ke atas loyang.
g) Bakar selama 20-25 minit.
h) Isi krim puff dengan jem Beri biru.
i) Taburkan dengan gula tepung.

54. Puff Krim Kelapa

BAHAN-BAHAN:
- 1 cawan air
- ½ cawan mentega tanpa garam
- 1 cawan tepung serba guna
- 4 biji telur besar
- ¼ sudu teh garam
- 1 cawan krim pastri kelapa
- Serpihan kelapa bakar untuk hiasan

ARAHAN:
a) Panaskan ketuhar anda hingga 425°F (220°C).
b) Didihkan air, garam dan mentega dalam periuk.
c) Kacau dalam tepung sehingga menjadi doh yang licin.
d) Keluarkan dari api, biarkan sejuk sedikit.
e) Masukkan telur satu persatu, gaul rata selepas setiap satu.
f) Titiskan sudu ke atas loyang.
g) Bakar selama 20-25 minit.
h) Isi krim puff dengan krim pastri kelapa dan hiaskan dengan kepingan kelapa bakar.

55. Puff Krim Sos Espresso

BAHAN-BAHAN:
PUFFS:
- ½ cawan air
- ¼ cawan mentega masin, potong
- ½ sudu teh gula pasir
- ¼ sudu teh garam
- ½ cawan tepung serba guna
- 3 biji telur besar, dibahagikan
- gula tepung, untuk habuk

KRIM MASCARPONE VANILA:
- 1 (8-auns) bekas keju mascarpone
- 1 cawan snek puding perisa vanila
- 2 sudu besar gula halus
- 1 sudu teh ekstrak vanila

SOS COKLAT-ESPRESSO:
- 4 auns coklat pahit manis, dicincang
- ½ cawan krim putar berat
- 2 sudu teh biji espresso yang dikisar

ARAHAN:
a) Panaskan ketuhar hingga 400 darjah dan alaskan loyang dengan kertas parchment. Lukis enam bulatan 2-¼ inci, jarakkannya 2 inci di atas kertas kulit. Balikkan kertas di atas loyang dan ketepikan.
b) Dalam periuk, satukan air, mentega, gula pasir, dan garam. Didihkan adunan. Masukkan tepung sekaligus dan masak, kacau kuat-kuat dengan sudu kayu selama 2 minit. Keluarkan dari haba dan biarkan ia sejuk selama 5 minit. Masukkan 2 biji telur, satu demi satu, pukul dengan senduk kayu selepas setiap penambahan.
c) Isi beg pastri yang dilengkapi dengan hujung pastri kosong ½ inci dengan doh. Sapukan doh dalam lingkaran ke atas kertas kertas, bermula dari tepi bulatan dan bergerak ke arah tengah, secara beransur-ansur mengangkat beg. Sapu baki telur yang telah dipukul ke atas doh, ratakan sedikit permukaannya.
d) Bakar selama 25 hingga 30 minit atau sehingga puff berwarna perang keemasan dan padat. Gunakan pencungkil gigi kayu untuk mencucuk lubang pada setiap pastri untuk membolehkan wap keluar. Pindahkan mereka ke rak dawai untuk menyejukkan.
e) Sediakan Krim Mascarpone Vanila: Dalam mangkuk sederhana, gabungkan keju mascarpone, cawan snek puding vanila, gula tepung dan ekstrak vanila. Mengetepikan.
f) Sediakan Sos Coklat-Espresso: Letakkan coklat dalam mangkuk kecil kalis haba dan ketepikan. Satukan krim kental dan kacang espreso dalam mangkuk selamat gelombang mikro. Ketuhar gelombang mikro pada suhu tinggi selama 1 minit, atau sehingga ia mula mendidih. Tapis adunan melalui ayak berjaring halus yang diletakkan di atas mangkuk coklat untuk mengeluarkan pepejal espreso.
g) Biarkan campuran coklat-espresso berdiri selama 1 minit, kemudian pukul sehingga rata.
h) Potong krim puff secara bersilang separuh. Sudukan Vanilla Mascarpone Krim ke bahagian bawah. Gantikan bahagian atas. Tuangkan Sos Coklat-Espresso ke atas. Jika dikehendaki, ayak mereka dengan gula tepung tambahan.

56. Puff Krim Chai

BAHAN-BAHAN:
UNTUK PATE A choux
- 1 cawan air
- ½ cawan mentega, potong kiub
- ½ sudu teh garam
- 1 sudu besar gula
- 1 cawan tepung
- 4 biji telur

UNTUK PENGISIAN KRIM WHIPPED CHAI
- 1 ½ cawan krim pekat
- ¼ cawan pekat chai
- ¾ cawan cip coklat putih, dicairkan
- Serbuk kayu manis

ARAHAN:
UNTUK PATE A CHUX:
a) Panaskan ketuhar hingga 425°F.
b) Lapik loyang dengan kertas parchment dan ketepikan. Dalam periuk sederhana di atas api sederhana, satukan air, mentega, garam dan gula.
c) Reneh sehingga mentega cair, dan adunan mendidih. Keluarkan adunan dari api dan kacau tepung dengan senduk kayu. Letakkan semula adunan di atas api dan teruskan kacau sehingga adunan mula keluar dari tepi kuali dan bebola terbentuk.
d) Keluarkan dari haba dan biarkan campuran sejuk selama 4-5 minit. Masukkan telur satu persatu. Campuran mungkin pecah atau hancur dengan setiap penambahan, tetapi ia harus bersatu semula sebelum menambah telur tambahan. Pastri anda harus berkilat dan mempunyai konsistensi yang licin.
e) Pindahkannya ke dalam beg paip yang dilengkapi dengan hujung bulat besar (seperti pengganding) dan paipkannya kira-kira 2 inci pada loyang. Gunakan sedikit air untuk melicinkan puncak pada setiap busut doh.
f) Bakar selama 10 minit pada 425°F, kemudian kurangkan suhu ketuhar kepada 375°F dan bakar selama 15-20 minit atau sehingga perang keemasan. Biarkan kerang sejuk sepenuhnya sebelum diisi.

UNTUK PENGISIAN KRIM SEBAT CHAI:
g) Pastikan semuanya sejuk sebelum memulakan, termasuk mangkuk pengadun anda.
h) Dalam pengadun berdiri yang dilengkapi dengan alat pukul, pukul krim kental pada kelajuan sederhana tinggi sehingga puncak tegar terbentuk. Pukul dalam pekat chai sehingga sebati.
i) Sejukkan adunan di dalam peti ais sehingga diperlukan.

UNTUK MEMASANG:
j) Isikan beg paip yang dipasang dengan hujung bulat besar (seperti Wilton 12) dengan isi krim putar chai.
k) Masukkan hujung beg paip ke bahagian bawah kulit puff krim yang telah disejukkan. Isi paip ke dalam cangkerang yang telah disejukkan sehingga ia mula meleleh keluar sedikit.
l) Celupkan puff krim yang telah diisi ke dalam coklat putih cair dan taburkan dengan kayu manis yang dikisar. Nikmati!

57.Puff Krim Badam

BAHAN-BAHAN:
- 1 cawan air
- ½ cawan mentega tanpa garam
- 1 cawan tepung serba guna
- 4 biji telur besar
- ¼ sudu teh garam
- 1 cawan krim pastri badam
- Badam dihiris untuk hiasan

ARAHAN:
a) Panaskan ketuhar anda hingga 425°F (220°C).
b) Dalam periuk, masak air, garam dan mentega hingga mendidih.
c) Kacau dalam tepung sehingga menjadi doh yang licin.
d) Keluarkan dari api, biarkan sejuk sedikit.
e) Masukkan telur satu persatu, gaul rata selepas setiap satu.
f) Paipkan doh ke dalam bulatan kecil di atas loyang.
g) Bakar selama 20-25 minit.
h) Isikan puff dengan krim pastri badam.
i) Hiaskan dengan hirisan badam.

ECLAIRS

58. Mini Coklat Eclairs

BAHAN-BAHAN:
- 1 helai pastri puff, dicairkan
- 1 cawan susu penuh
- 2 sudu besar mentega tanpa garam
- 2 sudu besar tepung serba guna
- 2 sudu besar serbuk koko
- 2 sudu besar gula pasir
- Secubit garam
- 2 biji telur besar
- 1 cawan krim berat
- 2 sudu besar gula halus
- Coklat ganache atau coklat cair untuk topping (pilihan)

ARAHAN:

a) Panaskan ketuhar hingga 400°F (200°C).

b) Canai lembaran pastri puff yang telah dicairkan dan potong menjadi segi empat tepat kecil, lebih kurang 3 inci panjang dan 1 inci lebar.

c) Letakkan segi empat tepat pastri di atas loyang yang dialas dengan kertas parchment.

d) Dalam periuk, panaskan susu dan mentega dengan api sederhana sehingga mentega cair dan adunan mendidih.

e) Dalam mangkuk yang berasingan, pukul bersama tepung, serbuk koko, gula pasir, dan garam.

f) Masukkan campuran kering secara beransur-ansur ke dalam susu yang sedang mendidih, kacau sentiasa sehingga adunan menjadi pekat dan terkeluar dari tepi kuali.

g) Keluarkan periuk dari api dan biarkan ia sejuk sedikit.

h) Pukul telur, satu demi satu, pastikan setiap telur sebati sepenuhnya sebelum menambah yang seterusnya.

i) Pindahkan adunan ke dalam piping bag yang dipasang dengan hujung bulat.

j) Paipkan adunan pada segi empat tepat pastri yang disediakan, membentuk garisan di bahagian tengah.

k) Bakar eclairs dalam ketuhar yang telah dipanaskan selama 15-20 minit, atau sehingga perang keemasan dan kembang.

l) Keluarkan dari ketuhar dan biarkan ia sejuk sepenuhnya.

m) Dalam mangkuk adunan, pukul krim kental dan gula tepung sehingga membentuk puncak kaku.

n) Potong eklair yang telah disejukkan separuh secara mendatar dan paipkan atau sudu krim putar ke bahagian bawah.

o) Letakkan bahagian atas eklair kembali di atas krim.

p) Pilihan: Siramkan dengan coklat ganache atau coklat cair untuk menambah kenikmatan.

q) Hidangkan eclair coklat mini yang lazat ini sebagai hidangan pastri yang lazat.

59. Kuki Dan Krim Éclairs

BAHAN-BAHAN:
UNTUK PASTRY CHOUX:
- 1 cawan air
- ½ cawan mentega tanpa garam
- 1 cawan tepung serba guna
- ½ sudu teh garam
- 1 sudu besar gula
- 4 biji telur besar

UNTUK PENGISIAN COOKIES DAN KRIM:
- 1 ½ cawan krim pekat
- ¼ cawan gula tepung
- 1 sudu teh ekstrak vanila
- 10 biskut sandwic coklat, ditumbuk

UNTUK COKLAT GANACHE:
- 1 cawan cip coklat separuh manis
- ½ cawan krim berat
- 2 sudu besar mentega tanpa garam

ARAHAN:
PASTRY CHOUX:
a) Panaskan ketuhar anda hingga 425°F (220°C). Lapik loyang dengan kertas parchment.
b) Dalam periuk di atas api sederhana, satukan air, mentega, garam dan gula. Biarkan mendidih.
c) Angkat dari api dan cepat-cepat masukkan tepung sehingga menjadi doh.
d) Kembalikan kuali ke api perlahan dan masak doh, kacau sentiasa, selama 1-2 minit untuk mengeringkannya.
e) Pindahkan doh ke mangkuk adunan besar. Biarkan ia sejuk selama beberapa minit.
f) Masukkan telur satu persatu, pukul sebati selepas setiap penambahan sehingga doh licin dan berkilat.
g) Pindahkan doh ke dalam piping bag yang dipasang dengan hujung bulat besar. Paipkan jalur sepanjang 4 inci pada loyang yang disediakan.

h) Bakar selama 15 minit pada 425°F, kemudian kurangkan suhu kepada 375°F (190°C) dan bakar selama 20 minit tambahan atau sehingga perang keemasan. Biarkan sejuk sepenuhnya.

PENGISIAN KUKI DAN KRIM:
i) Dalam mangkuk adunan, pukul krim kental sehingga soft peak terbentuk.
j) Masukkan gula tepung dan ekstrak vanila. Teruskan sebat sehingga stiff peak terbentuk.
k) Masukkan biskut sandwic coklat yang telah dihancurkan perlahan-lahan.

COKLAT GANACHE:
l) Letakkan cip coklat dalam mangkuk tahan panas.
m) Dalam periuk, panaskan krim kental sehingga ia mula mendidih.
n) Tuangkan krim panas ke atas coklat dan biarkan selama satu minit.
o) Kacau sehingga rata, kemudian masukkan mentega dan kacau sehingga cair.

PERHIMPUNAN:
p) Potong setiap eklair yang disejukkan separuh secara mendatar.
q) Sudukan atau paipkan kuki dan isi krim ke bahagian bawah setiap eklair.
r) Letakkan separuh bahagian atas eklair pada inti.
s) Celupkan bahagian atas setiap eclair ke dalam coklat ganache atau sudukan ganache di atas.
t) Biarkan ganache mengeras selama beberapa minit.
u) Secara pilihan, taburkan kuki hancur tambahan di atas untuk hiasan.
v) Hidangkan dan nikmati gabungan menarik isi berkrim dan ganache coklat yang kaya dalam setiap Cookie dan Krim Éclair!

60. Coklat Hazelnut Éclairs

BAHAN-BAHAN:
UNTUK PASTRY CHOUX:
- 1 cawan air
- ½ cawan mentega tanpa garam
- 1 cawan tepung serba guna
- 4 biji telur besar

UNTUK PENGISIAN:
- 2 cawan krim pastri
- ½ cawan Nutella (hazelnut spread)

UNTUK COKLAT HAZELNUT GANACHE:
- 1 cawan coklat gelap, dicincang
- ½ cawan krim berat
- ¼ cawan hazelnut, dicincang (untuk hiasan)

ARAHAN:
PASTRY CHOUX:
a) Dalam periuk, satukan air dan mentega. Biarkan mendidih.
b) Masukkan tepung dan kacau dengan kuat sehingga adunan membentuk bebola. Keluarkan dari haba.
c) Biarkan doh sejuk sedikit, kemudian masukkan telur satu persatu, kacau rata selepas setiap penambahan.
d) Pindahkan doh ke piping bag dan pipe eclairs ke atas loyang.
e) Bakar dalam ketuhar yang telah dipanaskan pada 375°F (190°C) selama 25-30 minit atau sehingga perang keemasan.

PENGISIAN:
f) Setelah eklair sejuk, potong separuh mendatar.
g) Campurkan Nutella ke dalam krim pastri sehingga sebati.
h) Isikan setiap eclair dengan inti coklat hazelnut menggunakan piping bag atau sudu.

COKLAT HAZELNUT GANACHE:
i) Panaskan krim kental dalam periuk sehingga ia mula mendidih.
j) Tuangkan krim panas ke atas coklat gelap yang dicincang. Biarkan seketika, kemudian kacau hingga rata.
k) Celupkan bahagian atas setiap eclair ke dalam coklat hazelnut ganache, memastikan salutan sekata.
l) Taburkan hazelnut cincang di atas untuk hiasan.
m) Biarkan ganache mengeras selama kira-kira 15 minit sebelum dihidangkan.
n) Nikmati Coklat Hazelnut Éclairs dekaden anda!

61. Jingga Éclairs

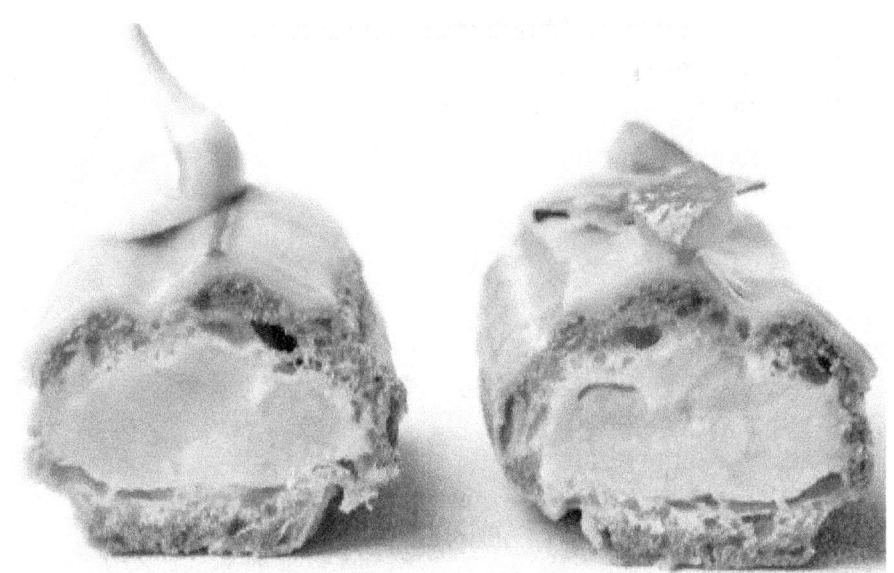

BAHAN-BAHAN:
ÉCLAIRS:
- 3 sudu besar 70% buttermilk-minyak sayur-sayuran
- ¼ sudu teh garam
- ¾ cawan tepung serba guna
- 2 biji telur
- 1 biji putih telur

KRIM PASTRI:
- ⅔ cawan 1% susu rendah lemak
- 3 sudu besar gula
- 4 sudu teh tepung serba guna
- 2 sudu teh tepung jagung
- ⅛ sudu teh garam
- 1 biji kuning telur
- 1 sudu teh 70% buttermilk-vegetable oil spread
- 2 sudu teh parutan kulit oren
- 1 sudu teh ekstrak oren
- ½ sudu teh vanila
- 12 cawan beku tanpa lemak, topping tanpa susu disebat, dicairkan

GLAZE COKLAT:
- ¼ cawan susu pekat manis rendah lemak
- 2 sudu besar serbuk koko tanpa gula
- 2-4 sudu kecil air (jika perlu)

ARAHAN:
ÉCLAIRS:
a) Dalam periuk kecil, satukan sapuan minyak sayuran, garam, dan ¾ cawan air. Biarkan mendidih. Keluarkan dari haba.
b) Masukkan tepung sekaligus dan gaulkan dengan cepat menggunakan senduk kayu sehingga adunan sebati.
c) Letakkan periuk di atas api perlahan selama 3-4 minit untuk mengeringkan doh, kacau sentiasa dengan sudu kayu. Doh hendaklah lembut dan tidak melekit.
d) Pindahkan doh ke pemproses makanan atau mangkuk besar pengadun elektrik tugas berat. Sejukkan selama 5 minit.
e) Masukkan telur dan putih telur, satu demi satu, gaul sehingga rata selepas setiap penambahan.
f) Salutkan loyang dengan semburan nonstick. Isikan beg pastri yang besar (tanpa hujung) dengan doh. Picit keluar 8 eklair, setiap satu 1" diameter dan 4" panjang, ke atas loyang. Biarkan mereka berdiri selama sekurang-kurangnya 10 minit untuk kering.
g) Panaskan ketuhar hingga 375°F. Bakar selama 35-40 minit atau sehingga kekuningan dan masak sepenuhnya. Pindahkan ke rak untuk menyejukkan.

KRIM PASTRI:
h) Dalam periuk kecil, kacau bersama susu, gula, tepung, tepung jagung, dan garam sehingga sebati.
i) Masak dengan api sederhana, kacau sentiasa, sehingga adunan mendidih dan pekat selama 4-5 minit.
j) Keluarkan dari haba. Dalam mangkuk kecil, pukul kuning telur sedikit. Pukul kira-kira ¼ cawan campuran susu panas secara beransur-ansur.
k) Pukul semula adunan kuning telur ke dalam adunan susu dalam kuali. Kembalikan kuali ke api sederhana sederhana dan pukul adunan sehingga ia mula mendidih kira-kira 30 saat. Keluarkan dari haba.
l) Kacau dalam penyebaran minyak sayuran, semangat, dan ekstrak oren dan vanila sehingga licin dan cair. Pindahkan ke mangkuk.

m) Tekan bungkus plastik terus ke permukaan. Sejukkan ke suhu bilik, kemudian sejukkan dengan teliti di dalam peti sejuk, selama kira-kira 2 jam.
n) Lipat dalam topping putar. Sejukkan sehingga sedia untuk dipasang.

MEMASANG ÉCLAIRS:
o) Potong setiap eklair separuh memanjang.
p) Sudukan kira-kira 3 sudu besar krim pastri ke dalam setiap bahagian bawah eclair. Gantikan bahagian atas.

COKLAT GLAZE:
q) Dalam periuk kecil, satukan susu pekat dan serbuk koko.
r) Panaskan dengan api perlahan, kacau sentiasa, sehingga adunan menggelegak dan pekat, 1-2 minit.
s) Sebarkan ke atas bahagian atas eklair. Jika sayu terlalu tebal, nipiskan dengan 2-4 sudu teh air.
t) Hidangkan segera dan nikmati Éclairs à l'Orange yang lazat ini!

62. Buah Markisa Éclairs

BAHAN-BAHAN:
UNTUK ÉCLAIRS:
- ½ cawan Mentega Tanpa Masin
- 1 cawan Air
- 1 cawan Tepung Serbaguna
- ¼ sudu teh Garam Kosher
- 4 biji telur

UNTUK KRIM PASTRI BUAH PASSION:
- 6 Buah Markisa (dijus)
- 5 biji kuning telur
- ⅓ cawan Pati Jagung
- ¼ sudu teh Garam Kosher
- ⅔ cawan Gula Pasir
- 2 cawan Susu Penuh
- 1 sudu besar Mentega

ARAHAN:
UNTUK ÉCLAIRS:
a) Panaskan ketuhar hingga 425°F.
b) Dalam periuk besar di atas dapur, masak air dan mentega hingga mendidih.
c) Kacau garam, dan selepas ia larut, masukkan tepung, kacau sehingga ia membentuk bebola agar-agar.
d) Pindahkan doh panas ke dalam mangkuk adunan dan biarkan ia sejuk selama 2 minit.
e) Masukkan telur satu persatu, kacau hingga sebati.
f) Pindahkan doh ke dalam piping bag.
g) Pada lembaran pembakar yang dialas kertas, paipkan tiub doh sepanjang 3 inci.
h) Bakar sehingga perang keemasan, lebih kurang 20-25 minit.
i) Benarkan eklair sejuk dan kemudian belahkannya dua, letakkan inti di antara bahagian, atau gunakan beg pastri untuk menyalurkan inti ke dalam.

UNTUK KRIM PASTRI BUAH PASSION:
j) Perah buah markisa, tapis untuk mengeluarkan bijinya.
k) Dalam mangkuk, satukan kuning telur, tepung jagung, garam dan gula.
l) Masukkan susu panas secara beransur-ansur ke dalam adunan telur sambil dipukul sentiasa untuk mengelakkan berebut.
m) Tuang semula adunan ke dalam periuk dan panaskan dengan api sederhana sehingga pekat seperti puding.
n) Keluarkan dari api, masukkan jus markisa dan mentega ke dalam krim pastri panas, kacau sehingga sebati sepenuhnya.
o) Biarkan krim pastri sejuk pada suhu bilik, kemudian simpan dalam peti sejuk ditutup dengan bungkus plastik sehingga 3 hari.
p) Apabila sedia untuk dipasang, pindahkan krim pastri yang telah disejukkan ke dalam beg pastri, potong eclair, dan isi bahagian dalam dengan krim.

63. Éclairs Buah Gandum Penuh

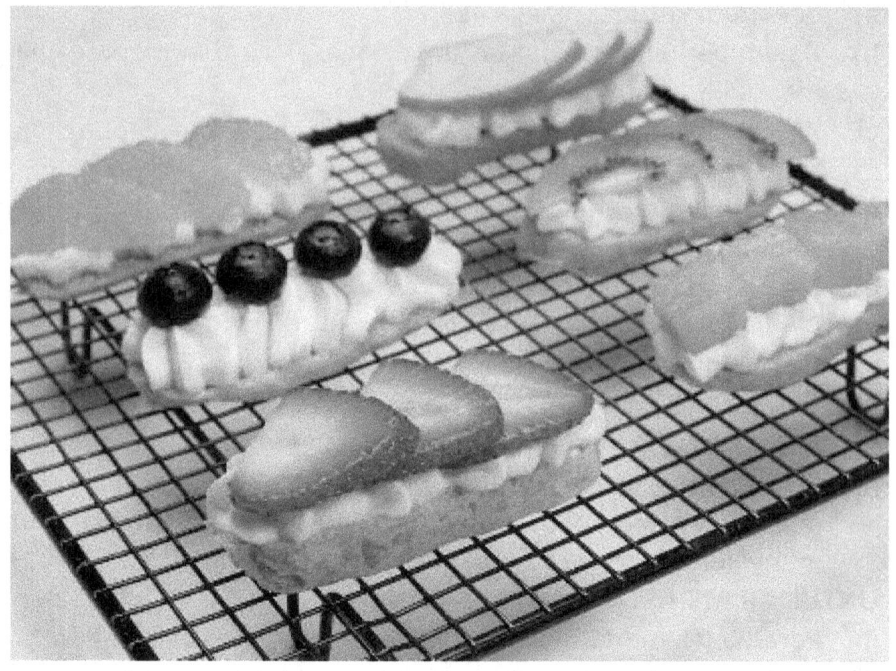

BAHAN-BAHAN:
PASTRY CHOUX:
- ½ cawan air
- ¼ cawan mentega tanpa garam
- Secubit garam
- ¼ cawan Tepung Serbaguna
- ¼ cawan tepung gandum
- 2 keping telur keseluruhan

PENGISIAN:
- 1 cawan susu tanpa lemak – atau susu kacang bukan tenusu
- 2 sudu besar campuran gula stevia
- 1 keping kuning telur
- 2 sudu besar Tepung jagung
- Secubit garam
- 1 sudu teh vanila
- ½ cawan krim putar
- Buah-buahan segar untuk topping

ARAHAN:
a) Panaskan ketuhar hingga 375 °F/190Gris dan lapik satu helaian kuki.
b) Dalam periuk, satukan air, mentega, dan garam. Panaskan sehingga mentega cair dan air mendidih. Kecilkan api. Masukkan tepung dan kacau dengan kuat sehingga adunan keluar dari tepi kuali. Keluarkan dari haba dan sejukkan sedikit. Dengan sudu kayu; pukul telur satu persatu, hingga rata.
c) Teruskan pukul sehingga sangat licin dan berkilat. Pindahkan adunan ke dalam beg pastri. Paipkan jalur kira-kira 3 inci panjang, dan 2 inci dipisahkan. Bakar pada 375F selama 30-45 minit; teruskan membakar sehingga éclairs berwarna perang dan kering sepenuhnya. Sejukkan pada rak dawai.

SEDIAKAN PENGISIAN KRIM:
d) Dalam periuk, satukan gula, tepung jagung, garam, susu, dan kuning telur. Masak dengan api sederhana-perlahan, kacau sentiasa sehingga adunan pekat. Keluarkan dari haba. Masukkan vanila. Sejukkan untuk sejuk.
e) Setelah kastard disejukkan, masukkan krim putar dengan berhati-hati. Letakkan di atas piping bag.

UNTUK MEMASANG:
f) Isikan pastri dengan isi krim dan hiaskan dengan buah-buahan segar.
g) Hidang.

64.Buah Markisa Dan Raspberi Éclairs

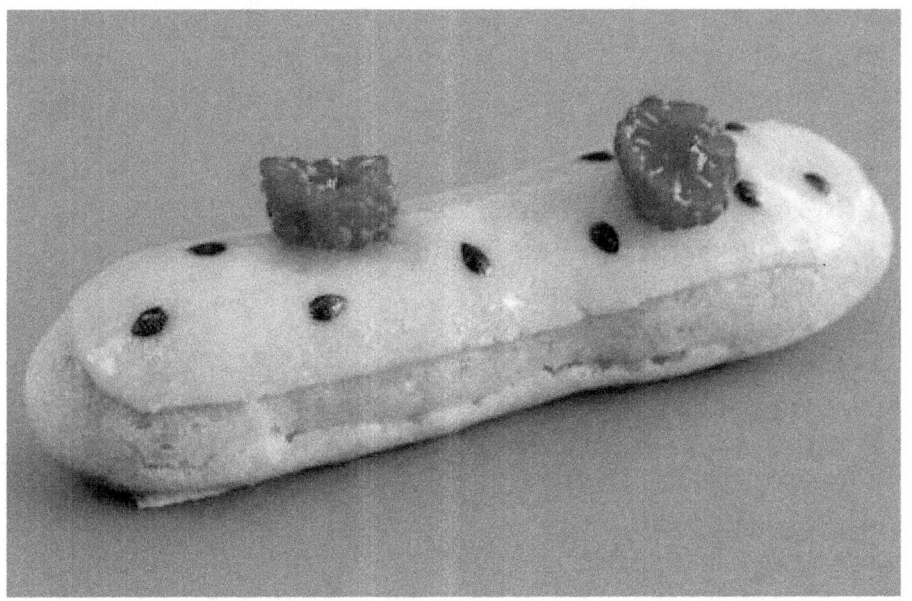

BAHAN-BAHAN:

UNTUK GLAZE NEUTRAL :
- 125g Air
- 5g NH pektin (1 sudu teh)
- 30g gula pasir
- 100g gula pasir
- 8g sirap glukosa

UNTUK KRIM BUAH PASSION:
- 75g jus markisa (sekitar 7 buah)
- 10g jus limau
- 1g gelatin
- 105g Telur (~2)
- 85g gula pasir
- 155g Mentega (suhu bilik)

UNTUK RASPBERI CONFIT:
- 60g gula pasir
- 4g Pektin (hampir satu sudu teh)
- 90g jus raspberi
- 30g sirap glukosa
- 20g jus limau

UNTUK PASTRY CHOUX:
- 85g susu
- 85g Air
- 1 secubit Garam
- 85g mentega tanpa garam
- 85g tepung roti
- 148g Telur
- 3g Gula
- 1 ekstrak vanila

HIASAN:
- 100g pes badam (dengan 50% badam)
- Pewarna kuning (mengikut keperluan)
- Pewarna oren (mengikut keperluan)
- Kilauan makanan emas (pilihan)
- 20 raspberi segar

ARAHAN:
UNTUK GLAZE NEUTRAL :
a) Campurkan 30g gula dengan pektin.
b) Panaskan air dalam periuk, masukkan gula dan pektin sambil dikacau sentiasa.
c) Masukkan baki gula dan glukosa, kacau berterusan, dan biarkan mendidih.
d) Tapis adunan dan sejukkan sekurang-kurangnya 24 jam sebelum digunakan.

UNTUK KRIM BUAH PASSION:
e) Potong buah markisa kepada dua, ekstrak pulpa, dan tapis untuk mendapatkan jus.
f) Biarkan gelatin kembang dalam jus markisa selama 5 minit.
g) Satukan jus markisa, jus limau, gula, dan telur dalam mangkuk di atas air mendidih, pukul sehingga pekat.
h) Sejukkan krim dengan cepat hingga 45°C, kemudian masukkan mentega dadu dua kali, kacau dengan pengisar rendaman. Sejukkan dalam piping bag.

UNTUK RASPBERI CONFIT:
i) Campurkan dan tapis raspberi segar untuk mengeluarkan biji (jumlah berat selepas langkah ini hendaklah 90g).
j) Rebus jus raspberi, campurkan gula dan pektin, tambah kepada raspberi, dan biarkan mendidih. Sejukkan sehingga diperlukan.

UNTUK PASTRY CHOUX:
k) Didihkan susu, air, garam dan mentega dalam periuk. Pastikan mentega cair sepenuhnya.
l) Keluarkan dari api, tambah tepung, kacau, dan letakkan semula kuali di atas api, pukul sehingga doh keluar dari sisi dan meninggalkan filem nipis di bahagian bawah.
m) Pindahkan doh ke dalam mangkuk, biarkan ia sejuk, dan masukkan telur satu persatu sehingga berkilat tetapi padat. Paipkan jalur 11cm pada dulang ketuhar yang digris atau dialas kertas.
n) Panaskan ketuhar hingga 250°C, matikan, dan biarkan dulang di dalam selama 12-16 minit. Hidupkan ketuhar hingga 160°C, dan masak selama 25-30 minit lagi.

MEMASANGKAN ÉCLAIRS:

o) Buat tiga lubang di bahagian bawah éclair bakar dengan hujung pisau.

p) Isi éclairs dengan kuantiti kecil Raspberi confit, kemudian isi dengan krim buah markisa.
q) Kerjakan pes badam dengan pewarna untuk mendapatkan warna kuning hangat, potong dalam bentuk éclair.
r) Panaskan 120g sayu neutral sehingga cecair (tidak melebihi 40°C).
s) Sapu bahagian atas éclairs dengan sayu neutral, dan lekatkan penutup pes badam di atasnya.
t) Tambahkan kilauan keemasan pada sayu yang tinggal, sapukan pes badam di atasnya, kemudian tambahkan raspberi yang dihiris dan secubit baki confit raspberi.

65. Cappuccino Éclairs

BAHAN-BAHAN:
- 1 kelompok kerang pastri eclair buatan sendiri atau dibeli di kedai
- 1 cawan krim berat
- 2 sudu besar butiran kopi segera
- ¼ cawan gula tepung
- ½ sudu teh ekstrak vanila
- ¼ cawan serbuk koko (untuk habuk)

ARAHAN:
a) Sediakan kulit pastri eclair mengikut resipi atau arahan pakej dan biarkan ia sejuk.
b) Dalam mangkuk kecil, larutkan butiran kopi segera dalam beberapa sudu air panas. Biarkan ia sejuk.
c) Dalam mangkuk yang berasingan, pukul krim kental, gula tepung dan ekstrak vanila sehingga puncak kaku terbentuk.
d) Masukkan adunan kopi perlahan-lahan ke dalam krim putar.
e) Potong setiap cangkerang eclair separuh secara mendatar dan isikannya dengan krim putar berperisa kopi.
f) Taburkan bahagian atas eklair dengan serbuk koko.
g) Hidangkan dan nikmati eklair cappuccino buatan sendiri anda!

66. Pistachio Limau Éclairs

BAHAN-BAHAN:

UNTUK CANDIED LIMAU (PILIHAN):
- 10 sunquats (mini limau)
- 2 cawan air
- 2 cawan gula

UNTUK PASTE PISTACIO:
- 60 g pistachio tanpa kulit (tidak dibakar)
- 10 g minyak biji anggur

UNTUK KRIM MOUSSELINE PISTACIO-LIMAU:
- 500 g susu
- Perahan 2 biji limau
- 120 g kuning telur
- 120 g gula
- 40 g tepung jagung
- 30 g pes pistachio (atau 45 g jika dibeli di kedai)
- 120 g mentega lembut (potong dadu)

UNTUK PISTACHIO MARZIPAN:
- 200 g marzipan
- 15 g pes pistachio
- Pewarna makanan hijau (gel)
- Sedikit gula halus

UNTUK PASTRY CHOUX:
- 125 g mentega
- 125 g susu
- 125 g air
- 5 g gula
- 5 g garam
- 140 g tepung
- 220 g telur

UNTUK GLAZE:
- 200 g nappage neutre (kacau jeli neutral)
- 100 g air
- Pewarna makanan hijau (gel)

UNTUK HIASAN:
- Pistachio tanah

ARAHAN:

CANDIED LIMAU (PILIHAN):

a) Sediakan mandi ais (periuk dengan air dan ais) dan ketepikan.
b) Gunakan pisau tajam untuk memotong hirisan nipis limau. Buang biji.
c) Dalam periuk lain, masak air sehingga mendidih. Angkat dari api dan segera masukkan hirisan limau ke dalam air panas. Gaul sehingga hirisan lembut (kira-kira seminit).
d) Tuangkan air panas melalui ayak, kemudian masukkan hirisan limau ke dalam tab mandi ais untuk seketika. Tuangkan air berais menggunakan ayak.
e) Dalam periuk besar dengan api besar, satukan air dan gula. Gaul sehingga gula cair, kemudian biarkan mendidih.
f) Kecilkan api kepada sederhana, dan gunakan penyepit untuk meletakkan hirisan limau di dalam air supaya ia terapung. Masak dengan api perlahan sehingga kulitnya menjadi lutsinar, kira-kira 1½ jam.
g) Keluarkan limau menggunakan penyepit dan letakkan di atas rak penyejuk. Letakkan sekeping kertas pembakar di bawah rak penyejuk untuk menangkap sebarang sirap yang menitis daripada hirisan limau.

PISTACIO PASTE:

h) Panaskan ketuhar hingga 160°C (320°F).
i) Panggang pistachio di atas dulang pembakar selama kira-kira 7 minit sehingga ia berwarna perang sedikit. Biarkan mereka sejuk.
j) Kisar pistachio yang telah disejukkan menjadi serbuk dalam pemproses makanan kecil. Masukkan minyak dan kisar lagi sehingga menjadi pes. Simpan di dalam peti sejuk sehingga digunakan.
k) Krim Mousseline Pistachio-Limau:
l) Didihkan susu. Tutup api, masukkan kulit limau, tutup dan biarkan selama 10 minit.
m) Dalam mangkuk, satukan kuning telur dan gula. Pukul segera, kemudian masukkan tepung jagung dan pukul lagi.

n) Masukkan susu suam sambil dipukul. Tuangkan adunan melalui ayak ke dalam periuk bersih, buang kulit limau yang tertinggal di dalam ayak.
o) Panaskan dengan api sederhana dan pukul sehingga adunan menjadi pekat dan berkrim. Keluarkan dari haba.
p) Pindahkan krim ke dalam mangkuk yang mengandungi pes pistachio. Pukul sehingga seragam. Tutup dengan bungkus plastik untuk mengelakkan kerak terbentuk dan sejukkan.
q) Apabila krim mencapai suhu 40°C (104°F), masukkan mentega lembut secara beransur-ansur dan gaul rata. Tutup dengan bungkus plastik dan sejukkan.

PASTRY CHOUX:
r) Ayak tepung dan ketepikan.
s) Dalam periuk, masukkan mentega, susu, air, gula, dan garam. Panaskan pada api sederhana tinggi sehingga mentega cair dan adunan mendidih.
t) Keluarkan dari api, segera masukkan tepung sekaligus, dan gaul rata sehingga adunan seragam terbentuk, menyerupai kentang tumbuk. Ini adalah campuran panade.
u) Keringkan panade selama kira-kira seminit dengan api perlahan, kacau dengan spatula, sehingga ia mula menarik balik dari sisi periuk dan beku.
v) Pindahkan panade ke dalam mangkuk adunan dan sejukkan sedikit. Dalam mangkuk yang berasingan, pukul telur dan masukkannya secara beransur-ansur ke dalam pengadun, tunggu setiap penambahan bergabung sebelum menambah lagi.
w) Gaul pada kelajuan sederhana rendah sehingga adunan licin, berkilat dan stabil.
x) Panaskan ketuhar hingga 250°C (480°F). Tutup dulang pembakar dengan kertas parchment atau lapisan nipis mentega.
y) Paipkan jalur adunan sepanjang 12 cm ke atas dulang. Jangan buka pintu ketuhar semasa membakar.
z) Selepas 15 minit, buka sedikit pintu ketuhar (kira-kira 1 cm) untuk mengeluarkan wap. Tutupnya dan tetapkan suhu kepada 170°C (340°F). Bakar selama 20-25 minit sehingga éclairs coklat.
aa) Ulang dengan adunan yang tinggal.

PISTACHIO MARZIPAN:

bb) Potong marzipan menjadi kiub dan gaul dengan pemukul rata sehingga lembut dan seragam. Masukkan pes pistachio, dan pewarna makanan hijau (jika mahu), dan gaul sehingga seragam.

cc) Gulungkan marzipan pada ketebalan 2 mm dan potong jalur agar sesuai dengan éclairs.

PERHIMPUNAN:

dd) Potong dua lubang kecil di bahagian bawah setiap éclair.

ee) Isi setiap éclair dengan krim pistachio-limau melalui lubang.

ff) Sapu sedikit sayu pada satu sisi setiap jalur marzipan dan pasangkannya pada éclairs.

gg) Celupkan setiap éclair ke dalam sayu, biarkan lebihan sayu menitis.

hh) Hiaskan dengan hirisan limau manisan atau pistachio cincang.

ii) Sejukkan sehingga sedia untuk dihidangkan.

67.Maple Berkaca Éclairs Diatas Dengan Kacang

BAHAN-BAHAN:
KERANGKA ECLAIR:
- ½ cawan susu
- ½ cawan air
- 2 sudu besar gula pasir putih
- ¼ sudu teh garam (kurangkan kepada secubit jika menggunakan mentega masin)
- ½ cawan mentega tanpa garam
- ½ sudu teh ekstrak vanila
- 1 ¼ cawan tepung serba guna, disudu dan diratakan
- 4 biji telur besar

GLAZE:
- ⅔ cawan gula aising/pembuat manisan
- 3 sudu besar sirap maple

TOPPING:
- ½ cawan walnut atau pecan yang dicincang
- Taburan garam fleur de sel

KRIM SEBAT MASCARPONE:
- 1 cawan mascarpone
- ⅔ cawan krim putar berat
- ¼ cawan gula putih
- 2 sudu besar sirap maple

ARAHAN:
UNTUK KERANGKA ECLAIR:

a) Panaskan ketuhar hingga 450°F dengan rak di bahagian atas dan sepertiga bawah. Lapik dua helai baking dengan kertas parchment.

b) Dalam periuk sederhana di atas api sederhana, satukan susu, air, gula, garam dan mentega. Didihkan adunan, masukkan vanila dan masukkan tepung sekaligus. Kacau sehingga adunan keluar dari tepi periuk.

c) Kecilkan api kepada rendah dan teruskan memasak, kacau berterusan, selama kira-kira 3 minit untuk mengeluarkan kelembapan. Keluarkan dari haba dan pindahkan ke mangkuk adunan atau mangkuk pengadun berdiri.

d) Kacau selama 2-3 minit untuk menyejukkan adunan. Masukkan telur satu persatu, pukul sebati selepas setiap penambahan. Pindahkan adunan ke dalam piping bag dan biarkan selama 20 minit.
e) Paipkan adunan ke dalam kayu balak kira-kira 5-6 inci panjang dan 1 inci lebar, meninggalkan ruang yang sama di antara mereka. Pastikan ia tidak terlalu nipis, kerana ia memerlukan ketebalan untuk dihiris kemudian.
f) Masukkan ke dalam ketuhar yang telah dipanaskan dan SEGERA KURANGKAN HABA KE 350°F. Bakar selama 35-40 minit sehingga keemasan, kembang dan garing. Sejukkan di atas rak.

UNTUK GLAZE:
g) Sebelum kaca, potong eklair hampir melalui, meninggalkan "engsel" pada satu sisi. Dalam mangkuk kecil, satukan gula aising dengan sirap maple sehingga sayu nipis terbentuk.
h) Sapu sayu di atas eclair dan segera taburkan dengan walnut cincang dan secubit garam, jika mahu. Biarkan pada suhu bilik sehingga sayu set.

UNTUK PENGISIAN:
i) Dalam mangkuk besar atau mangkuk pengadun berdiri yang dilengkapi dengan pukul, satukan mascarpone, krim putar, gula dan sirap maple.
j) Pukul sehingga adunan menjadi pekat hingga sebati. Letakkan dalam beg paip dan isi setiap eklair. (Pengisian boleh dibuat di hadapan, ditutup, disejukkan, dan disalurkan lebih dekat dengan hidangan.)
k) Eklair yang telah diisi disimpan dengan baik di dalam peti sejuk sepanjang hari.

CROISSANTS

68. Mini Croissant Badam

BAHAN-BAHAN:
- 6 mini croissant
- ½ cawan pes badam
- ¼ cawan mentega tanpa garam, dilembutkan
- ¼ cawan gula tepung
- ½ sudu teh ekstrak badam
- Badam dihiris untuk topping
- Gula tepung untuk habuk (pilihan)

ARAHAN:
a) Panaskan ketuhar hingga 350°F (175°C).
b) Potong croissant mini separuh memanjang.
c) Dalam mangkuk, campurkan pes badam, mentega lembut, gula tepung, dan ekstrak badam sehingga sebati dan licin.
d) Sapukan sejumlah besar campuran pes badam ke bahagian bawah setiap croissant.
e) Letakkan bahagian atas croissant kembali di atas inti.
f) Taburkan hirisan badam di atas setiap croissant.
g) Letakkan croissant di atas loyang yang dialas dengan kertas parchment.
h) Bakar dalam ketuhar yang telah dipanaskan selama 10-12 minit, atau sehingga croissant berwarna perang keemasan dan garing.
i) Keluarkan dari ketuhar dan biarkan ia sejuk sedikit.
j) Taburkan dengan gula tepung jika mahu.
k) Hidangkan croissant badam mini yang menarik ini sebagai hidangan pastri yang lazat dan pedas.

69. Croissant Mawar Merah Jambu & Pistachio Dicelup

BAHAN-BAHAN:
- 1 cawan susu penuh
- ¾ cawan air suam
- 2 (4-½ sudu teh) sampul surat Yis
- 4 cawan tepung serba guna
- 1 ¼ cawan mentega tanpa garam, sejuk
- 4 sudu besar gula
- 2 sudu teh garam laut
- 1 biji telur
- Secubit garam
- Gula-gula merah jambu cair
- 1 cawan pistachio cincang
- 1 cawan raspberi kering beku

ARAHAN:
CROISSANTS:
a) Campurkan air dan susu, suam hingga 100°-110°F. Tuangkan ¼ cawan ke dalam mangkuk kecil dan larutkan yis, biarkan selama 5 minit atau sehingga berbuih.
b) Dalam mangkuk besar, kisar tepung dan ¼ cawan mentega menggunakan garpu, pengisar pastri atau pemproses makanan pada tetapan doh. Kisar sehingga adunan menyerupai serbuk roti. Masukkan gula dan garam.
c) Buat perigi di tengah tepung dan tuangkan yis dan baki susu dan air. Gaul rata hingga menjadi doh, uli di atas permukaan yang ditaburi sedikit tepung hingga rata, kira-kira 6 minit. Kembali ke mangkuk, tutup dengan bungkus plastik, dan biarkan selama 20 minit.
d) Lapik dua helai penaik dengan kertas parchment; ini akan diperlukan untuk langkah penyejukan doh.
e) Letakkan baki mentega di antara 2 helai lilin atau kertas kertas dan ratakan dengan pin penggelek sehingga rata dan lebih kurang 7" x 7" persegi, sejukkan sehingga sedia untuk digunakan.

f) Balikkan doh ke atas permukaan yang ditaburkan sedikit tepung, dan canaikan menjadi segi empat sama berukuran 10" x 10".

g) Letakkan segi empat sama mentega yang telah dileperkan di atas doh, dipusingkan kepada bentuk berlian (sudut mentega menghala ke sisi lurus doh), dan lipat sudut doh yang terdedah di atas mentega untuk bertemu bahagian tengah seperti sampul surat, picit perlahan-lahan tepi bersama-sama. Berhati-hati agar tidak bertindih doh, hanya bertemu tepi bersama-sama. Sejukkan selama 20 minit.

h) Mula menggulung doh dari tengah ke luar, mencipta segi empat tepat 24" panjang dengan 10" lebar. Cuba pastikan sisi dan sudut lurus dan segi empat sama. Lipat menjadi sepertiga, bersihkan lebihan tepung semasa anda pergi, bawa satu pertiga kiri di atas sepertiga tengah, kemudian lipat satu pertiga kanan di atas tindanan, anda dibiarkan dengan segi empat tepat 10" x 8". Tutup dengan bungkus plastik dan sejukkan selama 20 minit.

i) Putar segi empat tepat secara mendatar dan gulungkannya kepada 24" x 10" dan lipat menjadi tiga lagi, sejukkan lagi 20 minit.

j) Seterusnya, gulungkan segi empat tepat kepada 24" x 16", potong bahagian panjang doh kepada separuh, jadi anda mempunyai dua kepingan 12" x 16", letakkan satu di atas yang lain, selaraskan tepi yang dipotong, tutup dengan bungkus plastik, dan sejukkan di dalam peti ais selama 20 minit.

k) Gulungkan setiap kepingan kepada 20" x 12", potong separuh memanjang supaya anda mempunyai dua keping 20" panjang x 6" lebar, tutup dan sejukkan selama 10 minit lagi.

l) Bermula dengan bahagian pertama, canai doh selebar 30" panjang 8" lebar. Buat segitiga menggunakan pembaris, ukur kenaikan 5" ke bawah tepi panjang, potong celah kecil pada setiap selang.

m) Di sepanjang sisi bertentangan, lakukan perkara yang sama, mulakan takuk di tengah-tengah tanda lain supaya anda membuat "titik" pada segi tiga anda. Menggunakan pemotong pizza, sambungkan semua tanda supaya anda tinggal dengan 11 segi tiga, ditambah dua bahagian, yang boleh anda tekan bersama untuk membuat satu lagi segitiga, 12 keseluruhannya.

n) Satu demi satu, gulung setiap segi tiga dengan ketat dari pangkal ke hujung, bersihkan sebarang tepung yang berlebihan semasa anda pergi. Letakkan pada lembaran pembakar dalam 3 baris 4 jarak sama rata, hujung terselit di bawah, dan biarkan mengembang di tempat yang hangat sehingga mengembang dua kali ganda, atau kira-kira satu jam. Ulangi proses untuk bahagian kedua doh.

o) Panaskan ketuhar kepada 350°F atau bakar perolakan pada 325°F. Dalam mangkuk kecil, pukul telur dengan secubit garam, sapu croissant dengan cucian telur, dan bakar selama 20-25 minit atau sehingga perang keemasan.

MENcelup:

p) Cairkan gula-gula merah jambu cair mengikut arahan pada bungkusan.

q) Cincang kasar 1 cawan pistachio dan ketepikan.

r) Hancurkan kasar 1 cawan raspberi kering beku dan ketepikan.

s) Celupkan separuh daripada setiap croissant ke dalam gula-gula merah jambu yang telah dicairkan dan letakkan di atas rak dawai.

t) Segera taburkan pistachio cincang atau raspberi kering beku yang dihancurkan ke atas separuh croissant yang telah dicelup dan tekan perlahan-lahan ke dalam gula-gula basah yang cair.

u) Ulangi proses mencelup dan merenjis untuk baki croissant.

v) Biarkan gula-gula cair sebelum dihidangkan, lebih kurang 15 minit.

70. Croissant Madu Lavender

BAHAN-BAHAN:
- Doh asas croissant
- ¼ cawan madu
- 1 sudu besar lavender masakan kering
- 1 biji telur dipukul dengan 1 sudu air

ARAHAN:

a) Canai doh croissant menjadi segi empat tepat yang besar.

b) Potong doh menjadi segi tiga.

c) Dalam mangkuk kecil, campurkan madu dan lavender.

d) Sapukan lapisan nipis madu lavender ke bahagian bawah setiap croissant.

e) Gantikan bahagian atas croissant dan tekan ke bawah perlahan-lahan.

f) Letakkan croissant pada lembaran pembakar yang beralas, berus dengan basuh telur, dan biarkan naik selama 1 jam.

g) Panaskan ketuhar hingga 400°F (200°C) dan bakar croissant selama 20-25 minit sehingga perang keemasan.

71.Croissant Kelopak Bunga Mawar

BAHAN-BAHAN:
- Doh asas croissant
- ¼ cawan kelopak mawar kering
- ¼ cawan gula
- 1 biji telur dipukul dengan 1 sudu air

ARAHAN:

a) Canai doh croissant menjadi segi empat tepat yang besar.

b) Potong doh menjadi segi tiga.

c) Dalam mangkuk adunan, satukan kelopak mawar kering dan gula.

d) Taburkan campuran kelopak mawar ke bahagian bawah setiap croissant.

e) Gantikan bahagian atas croissant dan tekan ke bawah perlahan-lahan.

f) Letakkan croissant pada lembaran pembakar yang beralas, berus dengan basuh telur, dan biarkan naik selama 1 jam.

g) Panaskan ketuhar hingga 400°F (200°C) dan bakar croissant selama 20-25 minit sehingga perang keemasan.

72. Croissant Bunga Oren

BAHAN-BAHAN:
- Doh asas croissant
- ¼ cawan air bunga oren
- ¼ cawan gula
- 1 biji telur dipukul dengan 1 sudu air

ARAHAN:
a) Canai doh croissant menjadi segi empat tepat yang besar.
b) Potong doh menjadi segi tiga.
c) Dalam mangkuk kecil, campurkan air bunga oren dan gula.
d) Sapukan lapisan nipis campuran bunga oren ke bahagian bawah setiap croissant.
e) Gantikan bahagian atas croissant dan tekan ke bawah perlahan-lahan.
f) Letakkan croissant pada lembaran pembakar yang beralas, berus dengan basuh telur, dan biarkan naik selama 1 jam.
g) Panaskan ketuhar hingga 400°F (200°C) dan bakar croissant selama 20-25 minit sehingga perang keemasan.

73. Croissant Bunga Raya

BAHAN-BAHAN:
- Doh asas croissant
- ¼ cawan bunga raya kering
- ¼ cawan gula
- 1 biji telur dipukul dengan 1 sudu air

ARAHAN:

a) Canai doh croissant menjadi segi empat tepat yang besar.

b) Potong doh menjadi segi tiga.

c) Dalam mangkuk adunan, satukan bunga raya kering dan gula.

d) Taburkan campuran gula bunga raya ke bahagian bawah setiap croissant.

e) Gantikan bahagian atas croissant dan tekan ke bawah perlahan-lahan.

f) Letakkan croissant pada lembaran pembakar yang beralas, berus dengan basuh telur, dan biarkan naik selama 1 jam.

g) Panaskan ketuhar hingga 400°F (200°C) dan bakar croissant selama 20-25 minit sehingga perang keemasan.

74. Croissant Beri biru

BAHAN-BAHAN:
- Doh asas croissant
- 1 cawan beri biru segar
- ¼ cawan gula pasir
- 1 sudu besar tepung jagung
- 1 biji telur dipukul dengan 1 sudu air

ARAHAN:
a) Canai doh croissant menjadi segi empat tepat yang besar.
b) Dalam mangkuk kecil, campurkan Beri biru, gula, dan tepung jagung.
c) Ratakan adunan Beri biru di atas permukaan doh.
d) Potong doh menjadi segi tiga.
e) Gulung setiap segi tiga sehingga membentuk croissant.
f) Letakkan croissant pada lembaran pembakar yang beralas, berus dengan basuh telur, dan biarkan naik selama 1 jam.
g) Panaskan ketuhar hingga 400°F (200°C) dan bakar croissant selama 20-25 minit sehingga perang keemasan.

75. Croissant Raspberi

BAHAN-BAHAN:
- Doh asas croissant
- 1 cawan raspberi segar
- ¼ cawan gula pasir
- 1 biji telur dipukul dengan 1 sudu air

ARAHAN:
a) Canai doh croissant menjadi segi empat tepat yang besar.
b) Potong doh menjadi segi tiga.
c) Letakkan raspberi segar pada setiap croissant.
d) Taburkan gula pasir ke atas raspberi.
e) Gulung setiap segi tiga ke atas, bermula dari hujung lebar, dan bentukkannya menjadi bulan sabit.
f) Letakkan croissant pada lembaran pembakar yang beralas, dan biarkan naik selama 1 jam.
g) Panaskan ketuhar hingga 400°F (200°C) dan bakar croissant selama 20-25 minit sehingga perang keemasan.

76.Croissant pic

BAHAN-BAHAN:
- Doh asas croissant
- 2 biji pic masak, kupas dan potong dadu
- ¼ cawan gula pasir
- ½ sudu teh kayu manis tanah
- 1 biji telur dipukul dengan 1 sudu air

ARAHAN:
a) Canai doh croissant menjadi segi empat tepat yang besar.
b) Dalam mangkuk kecil, campurkan pic potong dadu, gula, dan kayu manis.
c) Ratakan adunan pic tadi ke atas permukaan doh.
d) Potong doh menjadi segi tiga.
e) Gulung setiap segi tiga sehingga membentuk croissant.
f) Letakkan croissant pada lembaran pembakar yang beralas, berus dengan basuh telur, dan biarkan naik selama 1 jam.
g) Panaskan ketuhar hingga 400°F (200°C) dan bakar croissant selama 20-25 minit sehingga perang keemasan.

77. Croissant Beri Campuran

BAHAN-BAHAN:
- Doh asas croissant
- ½ cawan beri campuran (seperti beri biru, raspberi dan beri hitam)
- ¼ cawan gula pasir
- 1 sudu besar tepung jagung
- 1 biji telur dipukul dengan 1 sudu air

ARAHAN:
a) Canai doh croissant menjadi segi empat tepat yang besar.
b) Dalam mangkuk kecil, campurkan beri campuran, gula, dan tepung jagung.
c) Ratakan adunan beri ke atas permukaan doh.
d) Potong doh menjadi segi tiga.
e) Gulung setiap segi tiga sehingga membentuk croissant.
f) Letakkan croissant pada lembaran pembakar yang beralas, berus dengan basuh telur, dan biarkan naik selama 1 jam.
g) Panaskan ketuhar hingga 400°F (200°C) dan bakar croissant selama 20-25 minit sehingga perang keemasan.

78. Kranberi Dan Croissant Oren

BAHAN-BAHAN:
- 1 helai puff pastry, dicairkan
- ¼ cawan sos kranberi
- ¼ cawan marmalade oren
- ¼ cawan badam yang dihiris
- 1 biji telur, dipukul
- Gula tepung, untuk habuk

ARAHAN:
a) Panaskan ketuhar anda kepada 375°F (190°C).
b) Pada permukaan yang ditaburi sedikit tepung, gulungkan pastri puff ke dalam segi empat tepat yang besar. Potong pastri kepada 4 segi tiga sama.
c) Dalam mangkuk adunan, satukan sos kranberi, marmalade oren dan badam yang dihiris.
d) Sapukan satu sudu besar adunan ke bahagian terluas setiap segi tiga. Gulungkan croissant ke atas dari hujung paling lebar ke arah titik.
e) Letakkan croissant di atas loyang yang dialas dengan kertas parchment, dan sapu dengan telur yang telah dipukul.
f) Bakar selama 15-20 minit, sehingga croissant berwarna perang keemasan dan rangup.
g) Taburkan dengan gula tepung sebelum dihidangkan.

79.Croissant Nanas

BAHAN-BAHAN:
- 1 helai puff pastry, dicairkan
- 1 tin nanas hancur, toskan
- ¼ cawan gula perang
- ¼ cawan mentega tanpa garam, cair
- 1 biji telur, dipukul
- Gula tepung, untuk habuk

ARAHAN:
a) Panaskan ketuhar anda kepada 375°F (190°C).
b) Pada permukaan yang ditaburi sedikit tepung, gulungkan pastri puff ke dalam segi empat tepat yang besar. Potong pastri kepada 4 segi tiga sama.
c) Dalam mangkuk adunan, satukan nanas yang telah dihancurkan, gula perang, dan mentega cair.
d) Sapukan satu sudu besar campuran nanas ke bahagian terluas setiap segi tiga. Gulungkan croissant ke atas dari hujung paling lebar ke arah titik.
e) Letakkan croissant di atas loyang yang dialas dengan kertas parchment, dan sapu dengan telur yang telah dipukul.
f) Bakar selama 15-20 minit, sehingga croissant berwarna perang keemasan dan rangup.
g) Taburkan dengan gula tepung sebelum dihidangkan.

80. Croissant Buah plum

BAHAN-BAHAN:
- 1 helai puff pastry, dicairkan
- 4-5 buah buah plum, dihiris nipis
- 2 sudu besar madu
- ¼ cawan tepung badam
- 1 biji telur, dipukul
- Gula tepung, untuk habuk

ARAHAN:
a) Panaskan ketuhar anda kepada 375°F (190°C).
b) Pada permukaan yang ditaburi sedikit tepung, gulungkan pastri puff ke dalam segi empat tepat yang besar. Potong pastri kepada 4 segi tiga sama.
c) Dalam mangkuk adunan, satukan hirisan buah plum, madu, dan tepung badam.
d) Sapukan satu sudu besar campuran buah plum ke bahagian terluas setiap segi tiga. Gulungkan croissant ke atas dari hujung paling lebar ke arah titik.
e) Letakkan croissant di atas loyang yang dialas dengan kertas parchment, dan sapu dengan telur yang telah dipukul.
f) Bakar selama 15-20 minit, sehingga croissant berwarna perang keemasan dan rangup.
g) Taburkan dengan gula tepung sebelum dihidangkan.

81. Croissant Eclair Pisang

BAHAN-BAHAN:
- 4 croissant beku
- 2 Petak coklat separuh manis
- 1 sudu besar Mentega
- ¼ cawan gula kuih-muih yang diayak
- 1 sudu teh air panas; sehingga 2
- 1 cawan puding vanila
- 2 sederhana Pisang; dihiris

ARAHAN:
a) Potong croissant beku separuh memanjang; pergi bersama. Panaskan croissant beku pada lembaran pembakar yang tidak digris pada suhu 325°F yang telah dipanaskan terlebih dahulu. ketuhar 9-11 minit.

b) Cairkan coklat dan mentega bersama. Kacau dalam gula dan air untuk membuat sayu yang boleh disebarkan.

c) Sapukan ¼ cawan puding pada bahagian bawah setiap croissant. Teratas dengan hirisan pisang.

d) Gantikan bahagian atas croissant; gerimis pada sayu coklat.

e) Hidang.

CUPKEKS & MUFIN

82.Limau y Kek Campur Kek cawan

BAHAN-BAHAN:
- 1 paket campuran kek coklat putih
- 1/4 cawan dadih limau
- 3 sudu besar jus limau
- 3 sudu teh parutan kulit limau
- 3 sudu besar tincture
- 1/2 cawan mentega , dilembutkan
- 3-1/2 cawan gula gula
- 1/4 cawan jem strawberi tanpa biji
- 2 sudu besar 2% susu

ARAHAN:
- Lapik 24 cawan muffin dengan pelapik kertas.
- Sediakan adunan adunan kek mengikut arahan pakej, kurangkan air sebanyak 4 sudu besar dan masukkan dadih limau, jus limau , kulit limau dan tincture sebelum mencampurkan adunan.
- Isi cawan yang disediakan kira-kira dua pertiga penuh.
- Bakar dan sejukkan kek cawan mengikut arahan pakej.
- Dalam mangkuk besar, pukul mentega , gula, jem dan susu hingga rata. Kek cawan sejuk beku .

83. Kek Cawan Karamel Coklat

BAHAN-BAHAN:
- 1 paket campuran kek coklat
- 3 sudu besar mentega
- 24 karamel
- 3/4 cawan cip coklat separuh manis
- 1 cawan walnut cincang
- Walnut tambahan, pilihan

ARAHAN:
a) Sediakan adunan adunan kek mengikut arahan pakej untuk kek cawan menggunakan mentega.
b) Isi 24 cawan muffin beralas kertas satu pertiga penuh; ketepikan baki adunan. Bakar pada suhu 350° selama 7-8 minit atau sehingga bahagian atas kek cawan kelihatan ditetapkan.
c) Perlahan-lahan tekan karamel ke dalam setiap kek cawan; taburkan coklat chip dan walnut. Teratas dengan baki adunan.
d) Bakar 15-20 minit lebih lama atau sehingga pencungkil gigi keluar bersih.
e) Sejukkan selama 5 minit sebelum keluarkan dari kuali ke rak dawai untuk menyejukkan sepenuhnya.

84. Kek Cawan Pai Lumpur

BAHAN-BAHAN:
- 1 campuran kek coklat kotak 18.25 auns ditambah bahan-bahan yang diperlukan pada kotak
- 3 sudu besar mentega
- 1 frosting coklat tab 16-auns
- 2 cawan biskut sandwic coklat hancur
- Sirap coklat untuk hiasan
- 1 bungkusan 8-auns cacing bergetah

ARAHAN:
a) Sediakan dan bakar kek cawan mengikut arahan adunan kek. Gunakan mentega atau minyak.
b) Benarkan kek cawan sejuk sepenuhnya sebelum dibekukan.
c) Pembekuan atas dengan biskut hancur dan gerimis dengan sirap coklat.
d) Belah separuh cacing bergetah. Letakkan setiap tepi yang dipotong dalam pembekuan untuk mencipta ilusi cacing yang merayap dalam lumpur.

85. KekMix Labu Muffin

BAHAN-BAHAN:
- 1 puri labu tin 29 auns
- 1 campuran kek coklat kotak 16.4 auns
- 3 sudu besar minyak

ARAHAN:
a) Panaskan ketuhar mengikut arahan adunan kek menggunakan minyak.
b) Alas tin muffin dengan cawan pembakar kertas.
c) Kisar puri labu ke dalam adunan kek. Tuang ke dalam loyang muffin.
d) Bakar mengikut arahan adunan kek untuk muffin.

86.KekMix Praline Cupkeks

BAHAN-BAHAN:
- campuran kek coklat kotak 18.25 auns
- 1 cawan susu mentega
- ¼ cawan minyak
- 4 biji telur
- Topping aiskrim karamel
- Pecan cincang untuk hiasan
- 72 praline

ARAHAN:
a) Panaskan ketuhar hingga 350°F. Alas loyang muffin dengan cawan pembakar kertas.
b) Satukan adunan kek, susu mentega , minyak dan telur dalam mangkuk adunan yang besar dan pukul menggunakan pengadun elektrik yang ditetapkan pada kelajuan rendah sehingga adunan yang licin. Isikan cawan pembakar separuh.
c) Bakar 15 minit atau sehingga bahagian atas berwarna keemasan. Keluarkan kek cawan dari ketuhar dan biarkan sejuk sepenuhnya sebelum menambah topping.
d) Kek cawan atas dengan topping karamel; taburkan dengan pecan dan hiaskan dengan 3 praline setiap kek cawan.

87. Piña Colada & Kek cawan

BAHAN-BAHAN:
- 1 kotak 18.25 auns campuran kek coklat putih
- 1 kotak 3.9 auns campuran puding vanila Perancis segera
- ¼ cawan minyak
- ½ cawan air
- 2/3 cawan rum ringan, dibahagikan
- 4 biji telur
- 1 tin 14 auns ditambah 1 cawan nanas yang dihancurkan
- 1 cawan kelapa parut manis
- 1 tab 16-auns pembekuan vanila
- 1 12-auns tab topping tanpa tenusu disebat
- Kelapa bakar untuk hiasan
- Payung koktel

ARAHAN:
a) Panaskan ketuhar hingga 350°F.
b) Campurkan adunan kek, adunan puding, minyak, air, dan 1/3 cawan rum menggunakan pengadun elektrik pada kelajuan sederhana. Masukkan telur satu persatu, pukul adunan perlahan-lahan semasa anda pergi.
c) Lipat dalam tin nanas dan kelapa. Tuang ke dalam loyang dan bakar selama 25 minit.
d) Untuk membuat pembekuan, campurkan 1 cawan nanas yang dihancurkan, baki 1/3 cawan rum, dan frosting vanila sehingga pekat.
e) Tambah topping putar bukan tenusu.
f) Bekukan kek cawan yang telah disejukkan sepenuhnya dan hiaskan dengan kelapa bakar dan payung.

88.Kek Mini Cola Ceri

BAHAN-BAHAN:
- 2 biji telur
- 1 sudu teh vanila
- 1 kotak 18.25 auns campuran kek coklat putih
- ¼ cawan tincture
- 1 ¼ cawan kola berperisa ceri
- 1 tab 12-auns pembekuan siap sedia pilihan anda

ARAHAN:
a) Panaskan ketuhar hingga 350°F.
b) Alas loyang muffin dengan cawan pembakar kertas. Sembur sedikit dengan semburan masak.
c) Satukan telur, vanila, adunan kek, tincture dan cola ceri dalam mangkuk adunan dan gaul rata menggunakan pengadun elektrik.
d) Bakar selama 20 minit.
e) Kek cawan yang sangat sejuk

89. Kek cawan Baldu merah

BAHAN-BAHAN:
- 2 biji putih telur
- 2 cawan adunan kek baldu merah
- 1 cawan campuran kek coklat
- ¼ cawan tincture
- 1 cip coklat beg 12 auns
- 1 tin 12-auns limau-limau soda pop
- 1 tab 12-auns pembeku krim masam sedia untuk disapu

ARAHAN:
a) Panaskan ketuhar hingga 350°F. Alas loyang muffin dengan cawan pembakar kertas.
b) Satukan putih telur, kedua-dua adunan kek, tincture, cip coklat dan soda dalam mangkuk adunan yang besar. Gaul rata sehingga adunan yang licin terbentuk. Tuang adunan ke dalam cawan pembakar.
c) Bakar selama 20 minit.
d) Biarkan kek cawan sejuk sebelum dibekukan.

90.Kek cawan pai epal

BAHAN-BAHAN:
- 1 18.25-auns campuran kek coklat putih
- ¼ cawan air
- ¼ cawan kelapa minyak
- 1 biji telur
- 2 sudu besar campuran rempah pai labu yang disediakan
- 1 15-auns tin inti pai epal
- 1 pembekuan keju krim tab 12-auns

ARAHAN:
a) Panaskan ketuhar hingga 350°F. Alas loyang muffin dengan cawan pembakar kertas.
b) Campurkan adunan kek, air, minyak Canna-Coconut, telur, dan adunan rempah dengan pengadun elektrik sehingga adunan yang licin.
c) Lipat dalam inti pai. Isikan cawan pembakar separuh. Bakar selama 23 minit.
d) Biarkan kek cawan sejuk di atas rak sebelum dibekukan.

91. Ampuh Kek cawan tikus

BAHAN-BAHAN:
- 1 18.25 auns kotak campuran kek coklat serta bahan-bahan pada kotak
- 1/2 cawan minyak
- 24 biskut pudina coklat bulat kecil, dibelah dua
- 1 beg 12.6 auns coklat bulat bersalut gula-gula
- Tali nipis likuoris hitam
- 24 sudu aiskrim coklat

ARAHAN:
a) Panaskan ketuhar hingga 375°F. Alas loyang muffin dengan cawan pembakar kertas.
b) Sediakan adunan dan bakar mengikut arahan bancuhan kek untuk kek cawan menggunakan minyak .
c) Keluarkan kek cawan dari ketuhar dan biarkan sejuk sepenuhnya.
d) Keluarkan kek cawan dari cawan kertas.
e) Menggunakan biskut bulat separuh untuk telinga, gula-gula untuk mata dan hidung, dan likuoris untuk misai, hiaskan kek cawan untuk menyerupai tikus. Letakkan pada helai biskut dan bekukan.

BAR DAN PETAK DUA

92. Bar Catur

BAHAN-BAHAN:
- campuran kek coklat 18.25 auns
- ½ cawan mentega
- 4 biji telur
- ½ cawan gula putih
- 1 paket 8-auns krim keju, dilembutkan

ARAHAN:
a) Panaskan ketuhar hingga 350°F.
b) Gris dan tepung dalam loyang 9" × 13". Mengetepikan.
c) Dalam mangkuk besar, campurkan adunan kek, mentega, dan 1 biji telur sehingga adunan seperti roti pendek terbentuk. Tepuk adunan ke bahagian bawah kuali.
d) Dalam mangkuk yang berasingan, satukan gula, baki telur dan keju krim lembut. Lapisan di atas kerak. Bakar selama 40 minit atau sehingga sedikit keperangan.
e) Biarkan sejuk dalam kuali sebelum dicetak ke dalam bar.

93.Raspberi & Coklat Bar

BAHAN-BAHAN:
- 1 campuran kek coklat kotak 18.25 auns
- 1/3 cawan susu sejat
- 1 ½ cawan mentega cair
- 1 cawan kacang cincang
- ½ cawan jem raspberi tanpa biji
- cip coklat 12 auns

ARAHAN:
a) Panaskan ketuhar hingga 350°F. Gris dan tepung loyang 9" × 13". Mengetepikan.
b) Satukan campuran kek, susu sejat, mentega dan kacang untuk membentuk adunan yang sangat melekit dan melekit. Tuang separuh adunan ke dalam bahagian bawah kuali dan bakar selama 10 minit.
c) Sementara itu, cairkan jem dalam ketuhar gelombang mikro.
d) Keluarkan kerak panggang dari ketuhar dan tutup dengan jem cair dan cip coklat. Tutup dengan baki adunan kek dan bakar selama 20 minit.
e) Sejukkan sepenuhnya sebelum dipotong.

94. KekMix Ceri Bars

BAHAN-BAHAN:
- 1 campuran kek coklat kotak 18.25 auns
- 1 15-auns tin inti pai ceri
- 1 sudu teh ekstrak badam
- 1 sudu teh ekstrak vanila
- 2 biji telur
- 1 cawan gula
- 7 sudu besar mentega
- 1/3 cawan susu penuh
- 1 cip coklat separa manis bungkusan 12 auns

ARAHAN:

a) Panaskan ketuhar hingga 350°F. Sembur kuali 13" × 9" dengan semburan nonstick. Mengetepikan.

b) Satukan adunan kek, inti pai, ekstrak dan telur dalam mangkuk besar dan pukul dengan pengadun elektrik sehingga sebati.

c) Tuangkan adunan ke dalam kuali dan bakar pada suhu 350°F selama 25 minit atau sehingga masak sepenuhnya. Keluarkan dari ketuhar.

d) Campurkan gula, mentega, dan susu dalam periuk besar. Biarkan mendidih. Keluarkan kuali dari api dan masukkan cip coklat, kacau apabila ia cair.

e) Tuangkan adunan coklat ke atas kek suam dan sapukan sehingga penutup. Biarkan sejuk dan mengeras sebelum dipotong menjadi bar.

95.Kek Lapis Coklat

BAHAN-BAHAN:
- 1 campuran kek coklat kotak 18.25 auns ditambah bahan-bahan yang diperlukan pada kotak
- 1 topping aiskrim karamel balang 6 auns
- 7-auns minyak
- 1 tab 8-auns topping tanpa tenusu, dicairkan
- 8 batang gula-gula, dicincang atau dipecah menjadi kepingan

ARAHAN:
a) Sediakan dan bakar kek mengikut arahan untuk kek 9" × 13". Guna gegelung.
b) Keluarkan kek dari ketuhar dan biarkan sejuk selama 10 minit sebelum membuat lubang di bahagian atas kek dengan garpu atau lidi bercabang panjang.
c) Tuang karamel dan susu pekat ke atas kek, penuhkan semua lubang. Biarkan kek berdiri sehingga ia benar-benar sejuk.
d) Frost dengan topping yang disebat dan taburkan dengan kepingan gula-gula. Sejukkan

96. Bar Potluck

BAHAN-BAHAN:
- 1 kotak 18.25 auns campuran kek coklat putih
- 2 biji telur besar
- 1/3 cawan minyak
- 1 tin susu pekat manis
- 1 cawan cip coklat separuh manis
- Walnut, kacang tanah, atau kelapa secukup rasa
- ¼ cawan mentega

ARAHAN:
a) Panaskan ketuhar hingga 350°F. mentega hidangan pembakar 13" × 9" × 2". Ketepikan.
b) Satukan adunan kek, telur, dan minyak dalam mangkuk dan pukul sehingga sebati. Tekan 2/3 adunan di bahagian bawah kuali.
c) Satukan susu pekat, cip coklat dan mentega dalam mangkuk yang selamat dari gelombang mikro. Ketuhar gelombang mikro selama 1 minit pada kuasa tinggi. Angkat dan kacau dengan garfu hingga rata.
d) Tuangkan adunan coklat ke atas kerak. Lapiskan kacang atau kelapa di atas lapisan coklat. Titik dengan baki adunan kek.
e) Bakar selama 20 minit atau sehingga keperangan. Biarkan sejuk dalam loyang. Potong segi empat sama .

97.Jari mentegaCookie Bars

BAHAN-BAHAN:
- 1 paket campuran kek coklat gelap
- 1 pakej (3.9 auns) campuran puding coklat segera
- 1/2 cawan 2% susu
- 1/3 cawan Canola minyak
- 1/3 cawan mentega, cair
- 2 biji telur besar, guna dibahagikan
- 6 batang gula-gula jari mentega (1.9 auns setiap satu), dibahagikan
- 1-1/2 cawan mentega kacang chunky
- 1 sudu teh ekstrak vanila
- 1-1/2 cawan cip coklat semisweet, dibahagikan

ARAHAN:
a) Panaskan ketuhar hingga 350°.
b) Dalam mangkuk besar, satukan adunan kek dan adunan puding.
c) Dalam mangkuk lain, pukul susu, minyak, mentega dan 1 biji telur sehingga sebati. Tambah kepada bahan kering; kacau sahaja sehingga basah.
d) Tekan separuh adunan ke dalam loyang 15x10x1-in yang telah digris. loyang. Bakar sehingga bahagian atas kelihatan kering, 6-8 minit.
e) Sementara itu, potong 2 batang gula-gula. Kacau mentega kacang , vanila dan baki telur ke dalam baki adunan adunan kek. Lipat dalam bar cincang dan 1 cawan cip coklat.
f) Potong 3 bar gula-gula tambahan; taburkan ke atas kerak panas dan tekan perlahan-lahan. Tutup dengan campuran campuran kek; tekan dengan kuat dengan spatula logam.
g) Hancurkan bar gula-gula yang tinggal; taburkan bar hancur dan baki 1/2 cawan cip coklat di atasnya.
h) Bakar sehingga pencungkil gigi yang dimasukkan di tengah keluar bersih, 20-25 minit.
i) Sejukkan sepenuhnya pada rak dawai. Potong menjadi bar. Simpan dalam bekas kedap udara.

98. Kotak Kek Bars

BAHAN-BAHAN:
- 2 pakej 3.9-auns campuran puding segera coklat
- 4 cawan minyak
- 2 pakej 18.25-auns campuran kek coklat tanpa puding
- 4 cawan cip coklat
- Gula manisan untuk hiasan

ARAHAN:
a) Panaskan ketuhar hingga 350°F.
b) Gris dan tepung dua kuali jellyroll 10" × 15". Mengetepikan.
c) Dalam mangkuk besar, pukul bersama kedua-dua kotak campuran puding dan susu.
d) Perlahan-lahan lipat dalam kedua-dua kotak adunan kek. Lipat dalam cip coklat. Bakar 35 minit. Habuk dengan gula kuih-muih.
e) Biarkan sejuk sepenuhnya sebelum dipotong menjadi empat segi.
f)

99.Mentega Kacang yang diselitkan Segi empat

BAHAN-BAHAN:
- ½ cawan mentega, dilembutkan
- ¾ cawan mentega kacang
- campuran kek coklat pakej 18.25 auns
- 4 dozen ciuman coklat, tidak dibalut
- Gula serbuk

ARAHAN:
a) Dalam mangkuk besar, satukan mentega dan mentega kacang dan gaul rata. Tambah campuran kek; gaul sehingga menjadi doh. Tutup dan sejukkan selama 4-6 jam.
b) Apabila bersedia untuk membakar, panaskan ketuhar hingga 400°F.
c) Canai doh dengan sudu di sekeliling coklat Kiss; bentukkan menjadi bebola dan letakkan di atas helaian biskut beralas kertas parchment.
d) Bakar biskut selama 8–12 minit atau sehingga set.
e) Biarkan sejuk di atas lembaran selama 3 minit, kemudian masukkan ke dalam gula tepung dan gulung hingga bersalut.
f) Biarkan sejuk sepenuhnya di atas rak dawai, kemudian salutkan dengan gula tepung semula apabila sejuk.

100.Bar Kenari Karamel

BAHAN-BAHAN:
- 1 kotak campuran kek coklat
- 3 sudu besar mentega dilembutkan
- 1 biji telur
- 14 auns susu pekat manis
- 1 biji telur
- 1 sudu teh ekstrak vanila tulen
- 1/2 cawan walnut dikisar halus
- 1/2 cawan serpihan gula-gula yang dikisar halus

ARAHAN:
a) Panaskan ketuhar kepada 350.
b) Sediakan loyang kek segi empat tepat dengan semburan masak kemudian ketepikan.
c) Satukan adunan kek, mentega dan sebiji telur dalam mangkuk adunan kemudian gaul hingga lumat.
d) Tekan adunan di bawah kuali yang telah disediakan kemudian ketepikan.
e) Dalam mangkuk adunan lain satukan susu, baki telur, ekstrak, walnut dan bit gula-gula.
f) Gaul rata dan tuangkan atas dasar dalam kuali.
g) Bakar selama 35 minit.

KESIMPULAN

Semasa kami mengucapkan selamat tinggal kepada "Buku Masakan Tin Kek Kecil Saya," kami berharap anda telah menemui kegembiraan dan kepuasan yang dibawa oleh pembakar ke dalam hidup anda. Dari bauan vanila pertama yang melayang dari ketuhar hingga saat anda menikmati serbuk terakhir ciptaan anda yang baru dibakar, membakar adalah kerja penuh cinta yang menyuburkan kedua-dua badan dan jiwa. Semasa anda meneruskan pengembaraan membakar anda, ingatlah untuk menerima keajaiban percubaan, untuk menikmati manisnya kejayaan, dan untuk mencari ketenangan dalam kehangatan dapur.

Apabila aroma hidangan yang baru dibakar semakin pudar dan kepingan terakhir dirasai, ketahuilah bahawa kenangan yang dicipta di dapur akan kekal, dihargai dan dihargai. Kongsi kecintaan anda untuk membakar dengan orang di sekeliling anda, raikan detik-detik kehidupan dengan sepotong kek atau sesuap tart, dan biarkan keseronokan ringkas hidangan buatan sendiri menceriakan hari anda. Dan apabila anda bersedia untuk memulakan perjalanan membakar anda yang seterusnya, "Buku Masakan Tin Kek Kecil Saya" akan berada di sini, bersedia untuk memberi inspirasi dan menggembirakan anda sekali lagi.

Terima kasih kerana membenarkan kami menjadi sebahagian daripada pengembaraan baking anda. Semoga dapur anda dipenuhi dengan ketawa, ketuhar anda dengan kehangatan, dan hati anda dengan kegembiraan membakar. Sehingga kita bertemu lagi, selamat baking dan bon appétit!